39本戶口名簿

作者 謝秀英
採訪・文字 羅細綸

目錄

第2疊 啥米嚨唔驚。

第3疊

半生殘手繪丹青。

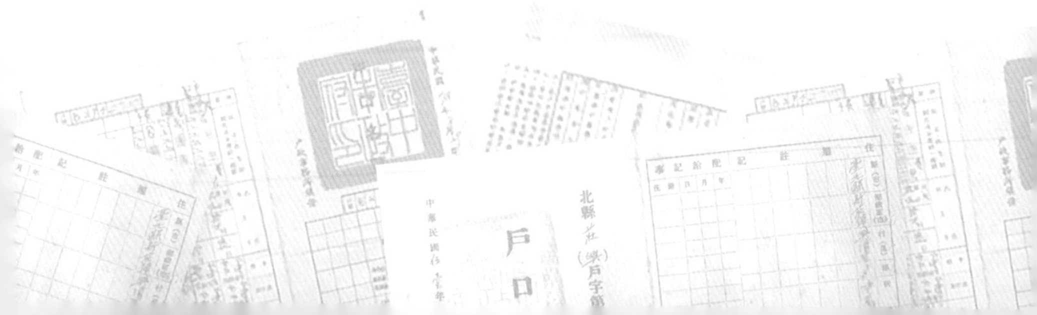

戶口名簿

【推薦序一】

翻轉人生，療癒衆人

曾煥鵬博士
前新竹市政府社會處處長

每一個人的生命經驗，都是獨特的一頁。一般的人，總會揚善隱惡，選擇逃離現實。從此陰闇盤踞，吞噬終生。

秀英姐姐卻放下悲恨，真誠面對，見證悲痛蘊藏安慈。以蓮花之姿，出汙不染，如觀音菩薩化身，智慧慈悲隨行。以畫筆彩繪若淨瓶聖水遍灑甘霖，立誓聞聲救苦救難，建構自我生命的價值，翻轉人生，也療癒眾人。

讓人心疼的故事，今後將鼓舞每個人的心靈——人生過得再黑暗，只要勇敢面對，堅信光亮潔淨自在，善待自己，永不放棄，一切都會過去。

【推薦序二】

將有限生命綻放無限可能

新竹縣政府　蔡榮光秘書長
前新竹縣政府文化局長

認識謝秀英老師近二十年，只知她是九二一大地震受災戶，因緣際會遷到竹北避災落戶，看她每天努力教畫，認眞生活，臉上永遠掛著溫潤的笑容；卻渾然不知她的笑容背後蘊藏如此「特殊」的際遇。尤其是她的人生「上半場」，幾乎經歷了人世間所有苦難與悲愁，每每令人掩卷不忍卒讀……。但是她把「吃苦」當作「吃補」，將有限生命綻放無限可能，她用藝術治癒自己的悲苦，她更學觀世音菩薩聞聲救苦，用藝術救贖了更多和她境遇相同的有緣人。我衷心地希望她人生「下半場」，以其最有「療癒效果」的人生故事，引燃別人，照亮眾生，放下人世間所有苦痛，把最美的留下來。

【推薦序三】

坐看雲起時，白雲深處有藍天

許炳坤博士
中華十方厚德書院院長

易經中「爻者交也」，生命因緣是一種交錯，是一種動態，不斷的變化，不斷的創造；生命有不可承受之輕，生活亦有不可承受之重，在處於極度悲慘的狀態下，反能破繭而出，活出自己，活出希望，活出光明——謝秀英做到了。

謝秀英是在我任教大學時所相遇的一位學生。於學術的殿堂、追求眞理與學識的聖地、培育菁英與知識分子的搖籃，她坐在台下汲取知識，我在台上綻放生命的熱度全然投入講授課程的情境，因而相遇相識。初時對秀英的印象是，在班上她年紀稍長，是很認眞用功的一位學生；在一次偶然的機會，她拿自己的作品畫冊給我看，慢慢地我才發覺她那平凡中的不平凡。

課堂中，我總是戰戰兢兢、誠惶誠恐講授著，期望能深入淺出地表達中文的美，貼近學生的生活，走入我們的生命，師生一同體會、體悟、體證古文與文學的魅力和智慧。易經是授課內容的一部分，始料未及受到學生極度的喜愛，秀英覺得我能把深奧的易經，講授得容易理解又生活化，深入易經智慧如海，於是找了幾個同好，邀請我到她的「無罣礙齋」講授易經，小小的私塾就這樣悠遊於天地間。

「無罣礙齋」無罣礙，講授易經之餘，秀英也對我娓娓道出生命的歷程，其慘烈的過去令人聞之心酸、心痛、心疼。然而本書的書寫，無意將她寫成「苦海女神龍」，她猶如隻身闖蕩紅塵茫茫大海一葉扁舟，恐怕也難以載動許多愁。在她訴說自己生命經歷的種種，和一回回的書寫與訪談之間，無疑是重新憶起自己的悲傷往事，一次又一次撕裂與掀開身心的痛，任其鮮血淋漓的漂流與承受，在這辛辣酸痛下卻也一次又一次的療癒與釋放，身心漸然解脫與重生。她堅韌、堅毅的生命力，勇敢的與生命對話，在歷史的空間佔有一席之地。

是以，多年前，我不禁鼓勵與建議，何不將這些歷程書寫出來，鼓舞大眾，鼓勵低潮灰暗的人們，學習秀英的勇敢、學習秀英的面對、學習秀英的精神。她的奮鬥，可以成爲遭遇不幸的人們仿傚的對象，甚至是一種典範，她不自暴自棄、不自憐自艾，在挫折中找到希望，在失敗中找到勇氣，在黑暗中找到光明，活出自己，活出價值。

我知曉秀英在藝術領域享有盛名，是一位藝術家，投入藝術創作，教授繪畫桃李天下，熱心公益；更活用智慧發揮藝術繪畫創作的價值，在藝術創作的當下與過程亦是一種藝術療法，療癒很多人的身心，改變他們的生命觀，改善他們的生活。她一直努力創作與作育英才，薪傳藝術；而我辭去大學執教，回歸幼兒品德讀經生活扎根教育，薪傳品德教育，彼此都在天涯一隅爲了理想努力耕耘著。秀英具有傳統美德，尊師重道，對我這個老師照顧有加，受她幫忙很多；論年齡她比我大很多，此次接到她請我爲其新書寫序，卻還是如此尊重禮遇我，生命中得以有這位學生，得天下英才而教育之，眞是與有榮焉。

這本書原本是我要執筆的，一直未能眞正下筆成書，心中不免對秀英感到萬般愧疚，感恩城邦橡樹林文化出版社，強大完整的團隊，規畫如此完善，出版這本書，如同易經中的「爻者交也」，生命因緣是一種交錯，是一種動態，「於千萬人之中遇見你所遇見的人，於千萬年之中，時間的無涯的荒野裡，沒有早一步，也沒有晚一步，剛巧趕上了。」此時，正在看著這本書的你，讀者，何嘗不是因緣、不是一種幸福！

【推薦序四】

心靈母女的相知相惜

陳桂華教授
國立台灣藝術大學書畫藝術系

民國九十六年一月，我接到一位名叫秀英的女子來電，她說我是她久聞並尋覓多時的寫意花鳥老師；而皇天不負苦心人，她也終於從跟我習畫多年的學生那兒，取得我的聯絡方式。

十幾天後，她如約前來，但進門時一臉凝重疑惑，慢而虛聲的問道：「請問這是什麼地方？這麼大又沒標示？」我回說：「這裡是家庭式育幼院，叫『SOS台灣國際兒童村』，早期收養棄嬰、孤兒，現專門收容高度受虐兒。沒招牌是希望孩子有回家的感覺，而非回到機構；再則避免不明究理的異樣眼光。我除在台藝大與畫班教畫之外，也和先生在這裡當志工。藝術治療教畫畫，是我在這幫忙的項目之一，家姐是終身奉獻的村長。這是我宿舍。」

突然間，她無預警的向我撲抱而來，緊緊的摟著我，唏哩嘩啦的一陣狂哭，眞是嚇傻了我，當時我驚魂甫定後，聽她仍哭著說：「如果我小時候有這種機構，就不會那麼慘了……。」接著便一點一滴、娓娓道出她那不堪的身世……。從此我們不但亦師亦友，更因秀英那「一日爲師，終生爲『母』」深厚的尊師重道觀念，也因我照顧受虐兒二十年，讓秀英對慈母的思念移情爲「知秀英者莫若桂華老師」，此後她竟將虛長她三歲、同樣來自南投的我當成「心靈媽咪」。教畫齡久於我的她，當起學生好學不倦，她的手指因曾動過手術而不靈活，原本是很難學會我下筆「隱、準、狠」，剎那即是永恆、回峰取力，以及有節奏而筆歌墨舞的工夫；然而在她以超人毅力去克服與用功之下，卻是進步神速，沒多久即能不藏私的教學、傳承給她的學生。

此外，她得知村裡受虐兒受肉體之傷、那些比她更慘的個案，難以勝數……，如有孩子受親母以滾燙熱水澆手而成截肢，焦黑如滷過的雞翅；有少女被繼母用鉛筆從臉至腳戳得滿身都是鉛色洞痕；也有孩子是遭親父綁在機車上如五馬分屍般的拖行著；更有孩子是被打頭傷到眼歪臉斜的；還有媽媽恨孩子長得醜，每天掐其頭皮，來到兒童村時，頭上已有上百個長不出頭髮的皮肉洞……，這些孩子們簡直都是從人間煉獄逃出來的……。每每秀英聽完孩子們的事後，難免心酸淚流，同病相憐之情，沒人比她更能感同身受了。而秀英此後更付諸行動，無論是捐款、捐物資或捐人力，並拋磚引玉的帶動學生親友一起來幫助這些孩子們。

爾後我也更深入走進她在竹北的繪畫活動與生活圈。拜秀英之賜，我受到廣大畫友們的愛戴與敬重，每次活動都使我光芒四射，然對於這些光芒，我每每深感是受之有愧，因爲比起秀英，我何德何能？三人行必有我師，秀英人美、心美，畫自然更美，該向她學的還多著呢！

相知、相惜，相愛更深，日子過得也更快，我跟秀英師徒扶持同行十餘年來，歷經起起伏伏、喜怒哀樂的人生，我們相約不准對方先死，因我們都是與病共存，卻以喜樂心過每一天。記得六年多前我因早產體質，加上四十五歲才讀台藝大研究所碩士班，為寫論文學會電腦，天天用電腦，同時日日熬夜燈下作畫，還有台藝大與畫班的教職，也沒運動……，種種原因導致我的健康垮台，得了文明病「修格蘭氏症候群」，當時我一六二公分的身高，瘦到只剩皮包骨的三十九公斤，生命一度垂危。秀英得知後，不顧自己當時也常查不出病因而昏倒的身體，飆車到我家裡來，常常是見我即成「愛哭包」的她，那時更是聲淚俱下，邊說：「說不准你死，我們約好的。」然後邊拿起精力湯，一匙一匙的餵著奄奄一息、無助但仍微笑的我。當時想著何其有幸啊！得識如此愛顧我、真把我當媽孝順的「心靈女兒」，真是死也無憾了！

也許是世間功課未做完，身後揹的十字架尚未能卸下，我活過來了！看吧！任務不是來了嗎？

集智勇、孝慈、信義、仁愛、勤儉、忍讓、好學……等世間該有的美德於一身的秀英，要出書救更多的人囉！還邀我寫序耶！我老淚縱橫、情緒激盪的看完初稿後，要命啊！原來秀英悲慘的事還那麼多！能寫此序是何其神聖，任重道遠啊！我嗜畫如命，但文章則平凡不過，可又感到榮幸之至，於是硬著頭皮，回顧來時路，以白話、眞話、感性的話簡述之。

最後感恩秀英的博愛喜捨精神，也祝福得見此書的有緣人，並請廣爲推薦，能讓福報遠播！

【自序】
一疊戶籍謄本，記錄漂泊屐痕

約十多年前，在當時玄奘大學許炳坤教授和友人鼓勵下，希望我寫下人生過程，我因而向竹北戶政事務所調閱戶籍謄本，戶政事務所人員看一看他的電腦說：「喔！妳的資料太多了，妳先拿一張牌子，明天再來找我拿。」

隔天下午我去拿時，他交給我厚厚一疊文件，也紅著眼說：「天啊！妳過的是什麼樣的人生？怎麼搬了二、三十次的家！」他說，爲了這份厚厚的戶籍資料，用掉了一天半的工作時間。我則繳了九百五十元的影印費，微笑地跟他道聲謝謝：「你辛苦了！」

一般人的戶籍謄本大都一頁、兩頁，我的是厚厚一疊，每張都標記著住過的

「家」，這還是「登記有案」的，看著戶籍謄本，仔細算一算，前後有二、三十個家。小時候最常住的是沒水、沒電、沒窗戶的工寮，只要一生火煮飯，全家都是煙，連爸、媽爭吵，附近鄰居都知道；有的則是住沒幾天就搬家，現在回想起來，連住在哪都忘了。

我還曾住進「鬼屋」，那是別人不敢住，或住個幾天就搬走了的房子；印象中，在那住得最久的一戶，也僅住兩個星期，但我一家人一住就是一年多。有一次，我外出工作，晚上回家時，媽媽問：「中午妳是不是回家？還在椅子上休息？」當時我僅是十六歲的小女孩，聽了嚇了一跳，渾身起雞皮疙瘩，想跟媽媽說中午我根本沒回來，但話到嘴邊又吞了回去，只是點頭「嗯」的一聲，不敢說什麼。

我幼時住的劉家大院是三合院，在那兒我有著美好的回憶，雖然如今許多都已模糊，但當時大家族的生活景象，仍是記憶猶存，夏日夜晚很涼、星星很多，晨起霧氣未散，混合著燒稻草的炊煙味和山林間氤氳的泥土氣息，這是台灣早期典型農家。我在這裡也觀察到許多花、鳥、竹、樹，甚至昆蟲的聲音、土地的氣息都清清楚楚。

民國五十五年時，我和父母舉家在半夜離開南投山區大宅院，經歷多年都市生活後，我再回到南投，也曾到埔里循著童年記憶尋找劉家大院，但劉家整個大家族已經散了，三合院也不在了，甚至「找不到回家的路」，通往劉家大院的小徑，早就被荒草掩藏埋沒了，小時候的家變得遙遠又虛無，但三合院的種種及老奶奶的慈愛仍鮮明地存在腦海中。

我們全家到台北三重時，倉促也沒有計畫，待的是一處換過一處的工地，住在工寮或還沒人來住的空殼屋裡。那時候說也奇怪，每年遇颱風、水災，三重一定淹大水，有時一淹就是三、五天，許多人都躲到屋頂上等待救援，有時教會也會來發放白米等物資。

遇上救援沒來，沒東西吃怎麼辦？在屋頂等救援的日子，我們也會從隨著大水漂來的菜櫥碗櫃裡，找尋是否有可吃的食物，或者是捕撈水中游魚。有一次，一家鞋廠也因淹大水、工廠裡的鞋在水中漂流，鄰居的小孩們撈著浮在水上的球鞋，在颱風後曬乾了穿。

僅管天災多，大家卻很樂觀，因爲老天爺丟下來個災難，也會丟下一些「禮物」，讓人們在苦中尋樂吧！颱風過後，淡水河畔一窪窪的小泥塘中，藏著魚、泥鰍，成爲孩子們「混水摸魚」、補充食物的地方，我也常利用這個時候撈捕河鮮，成爲一家人豐盛的晚餐。

我們一家人最艱困的時候，是住在萬華雙園街月租六百元的房子時，房租便宜，住進時就曾聽說那是一棟鬼屋，當時只求全家有個棲身之地，只要便宜就好，哪想那麼多？我們一家人住二樓，算是分租，一樓、三樓還有其他房客，但都住不久，原因是鬧鬼。

鬼屋傳說，是因先前有一對男女在屋內自殺，後來就傳出鬧鬼，有房客在大白天見到屋內有陌生人出現，隔一段時間又消失；也有租屋的房客說，看到屋中家具會飄浮，就像電影「大法師」恐怖片情節一般，桌、椅、床鋪會浮起來、會到處移動，房客被嚇得連忙搬走。

住鬼屋時，我因早出晚歸，在屋內的時間不多，沒看過這一景象，只是樓梯的燈時暗時亮，怎麼修都修不好，水電行的老闆來了，修好了，但人一走燈又不亮了，後來，連水電行的老闆也覺得怪，之後也都不敢來修了。

我也曾住過南港成福路，當時那裡仍很偏僻，我們住處後方連接著公墓，入夜後陰森森的，偶爾有不明的鬼火或亮光在公墓中閃爍。有一次颱風淹水，半夜我與媽媽驚醒一看，床前竟然成了一條小河，因爲，水從後門灌進來，從前門流出去，還漂來了雜草、垃圾，還有破碎的棺材板、拖鞋，甚至還會看到蛇在水中沉浮，順著水游過房子……。

「我想要有個家，好想有個家。」在幾經搬遷後，我在心中發誓，一定要憑自己的努力買間房子，讓媽媽和家人住得安心——這個動力驅策著我努力賺錢，後來開美容坊、開餐廳、開酒店，我在廿多歲就已是酒店的副董事長，想的就是趕快買房子。當手邊有點積蓄時，立刻向生意上往來的葉姓建商貸款，並向葉姓建商購屋，花了四百六十五萬元，買下人生第一間房子。

有了房，也努力經營這個家，經營酒店時很忙、很煩，也找回離家的二弟一起同住。我沒時間分身帶孩子，因而請了保母全天候幫忙帶孩子；不過，維持一個家庭確實不易，也要有家人的支撐。

獨力撐這個家，讓我心力交瘁，最後提出和前夫離婚，當時我幾乎是放棄一切，傷心地搬離開。雖然這棟房子位在台北天母中山北路七段的黃金地段，也是我憑著努力買下的第一間房子，最後仍是百般無奈地離開此地。

隨後，我一度住新竹，後來又搬到蘆洲、三重，再到南投國姓鄉等地，這段時間爲了圓夢，廿九歲進入國中夜校就讀；爲了堅持藝術道路開設藝苑教畫，也曾有段甜美的戀愛，最後發現在感情上還是落空。有次，開車到南投，在國姓鄉間看到有人正在建房子，下車查看後覺得滿意，買下後，又是辛苦當屋奴，不斷賺錢籌貸款繳房款。也在民國八十四年時結束藝苑，搬離大台北。

沒想到民國八十八年發生震撼全台的九二一大地震，我辛苦買的房子也被震得變形，家中的樓梯竟跑到隔壁房中，我住的房子邊間牆裂了，我成了受災戶，工務技師勘災認定是房屋半倒，看著努力大半生的住屋遭逢浩劫，心中感慨萬千。

不幸中的大幸是我在九二一大地震前接受長輩勸告，搬到新竹竹北居住，幸運地躲過這一世紀大劫，因我在國姓鄉住處的房間有面大櫥櫃，地震後，我看到大櫥櫃就倒在床上，如果沒遷居新竹，恐怕我就會被壓在大櫥櫃下，躲不過這場大災難了。而如今我也定居新竹竹北。

回頭看，讓我驚訝生命的堅韌，在如此艱難的環境中，我和家人竟也在大台北奮鬥了廿九年，畢竟，在五〇年代至八〇年代、大台北從半農半商邁向大都會的過程中，一個南投山區家庭在毫無準備、又缺乏社會救濟資源支持的情形下，勇闖大城市討生活是多麼不容易。

有人說，人生如棋，遷徙落籍有如起手落子，有困窘，有突圍，有形勢比人強的無奈，也有山窮水盡疑無路、柳暗花明又一村的轉機。算一算，我仍有記憶的家約有十多個，其餘印象大都模糊，但對每一個住過的「家」，我都心懷感恩，也悟出人生棋盤中不要受認命、償債、自卑等虛擬棋線羈絆，起手無回向前行，勇敢做自己！

【第 1 疊】

回不去的那一夜。
再見，我的青春年少！

1

無法返回的時空蟲洞

我的出生地在南投縣埔里鎮水頭里的農村。埔里是個山中盆地，在台灣地圖上是最中心的位置，有中央山脈、合歡山白姑支脈與雪山山脈等包圍屏障，風景優美，現在是台灣觀光旅遊最發達的地點之一，處處是民宿。

埔里好山好水，埔里的名產是甘蔗，就是一般稱的「紅甘蔗」。甘蔗莖桿筆直，長得高又大，連葉約有三公尺高，所以只要有人進入甘蔗園中，很快地就被整個甘蔗園給吞沒。

小的時候，只有在甘蔗採收時，我才有可能進入甘蔗園中；平常總是繞道，怕它像個噬人的怪獸，會讓人一進去就出不來。這樣的莫名的擔心並不是毫無來由，因爲，不久後，它仍呑噬了我的童年——那一夜在驚恐中穿越甘蔗園，猶如闖越了時空蟲洞，多年以後不僅找不到，也回不去了……。

民國四十九年時，我出生了。這時的埔里水頭里，仍是個典型農村。我生在劉家三合院大宅，劉姓家族是當地大戶人家，有十間的廂房，光是廚房就有三十多坪。廚房裡放著大鍋大灶，燒著柴火，劉家女眷們圍著大灶燒水、洗菜，火光映著她們紅通通的臉、臉上泛著汗水，那些忙著供應全家二十餘口人飲食的身影，我到現在仍印象深刻。

小時候，經常是聞著炊煙起床，空氣中混合著燒稻草和熱熟米飯的香氣，我偶爾踏進廚房跟著大人忙，也會拿起媽媽通了管的竹筒協助吹灶火，吹了一陣後，灶火紅通通，我也弄得頭、臉都是細碎的白灰。

我是家中長女，很早就習慣黏著媽媽，跟著媽媽做事。媽媽每天一早忙著做全家大小的早餐，早餐後採割地瓜莖葉，再用大鍋煮後餵豬吃，還有洗衣、晾衣，接著下田做農事，幾乎整天忙碌，這也是當時台灣許多童養媳面對的人生。媽媽常說：「女孩家嘛，就是個油麻菜籽的命，落到哪就是哪，只有認命！」

我的媽媽劉富美，就是油麻菜籽命啊！媽媽本姓廖，後來給黃家當養女，但黃家也辛苦吧，後來又轉給陳家當養女，最後又進入劉家，給劉家當養女，就這樣在四個家庭間流轉。要不是日子過得苦，誰願意將自己的親骨肉送人當養女？那就在她名字中取個「富」字吧，盼望能伴她一生。

媽媽眞的很歹命，但從來沒聽她抱怨過什麼，她很少談小時候如何如何、怎麼從這個家到那個家？過程中吃過什麼苦？至於她的養父，也就是我的外公，有點傻氣，以現在來說，就是弱智吧，終身未婚，無兒、無女，找來個養女，希望招婿，避免絕門斷脈。

爸爸就是在這樣的情形下進了劉家大宅。爸爸是台中新社鄉人，在民國四十八年四月六日入贅進入劉家大院，在他二十一歲時和當時十九歲的媽媽結婚，結婚後隔

這是我人生的第一張照片，爸媽和我一家三口在南投縣埔里鎮老家門前照的。後由黃勁挺老師〈黃豆北〉於一九九六年在國姓的家題字落款。

年，我出生了。爸爸還去當了三年兵才再回到南投埔里劉家。

劉家的家族在鎮上有電影院、電器行，在埔里山區有大片的土地，種著水稻、花生、甘蔗，劉家大人們幾乎都是一早下田，常做到日落才回家，有時還趁著月光做農事，支撐著這個大家族。

我當時還小，沒力氣參加粗重的農事，不過在花生收成時，媽媽常帶著我到花生田，把我放在一個竹編的大圓篩中，媽媽將一株株拔下的花生放入竹篩中，我就幫著把花生扯下來。

劉家大宅中，最疼我的是太祖母劉莊鳳妹，她也是劉家大宅的女主人。我出生時，太祖母已七十五歲了，而我是家族中最小的成員，在大人們忙著下田做農事、媽媽忙著家事時，太祖母就抱著我、揹著我，大小事都寵著我。

有一次，太祖母帶著我到熱鬧的埔里鎮上逛街購物，我們走了好久，遇到有腳踏車的親友看到太祖母帶著我，怕老人家太累，說要先載我回家，但太祖母就是不肯，我也黏著太祖母不願意離開。就這樣，一老一小邊走邊休息，回到家的時候，已是滿天星斗。

有時累了，太祖母的背就成了最安穩的床，不知什麼時候開始，被太祖母揹著時，我就在太祖母一步一步搖晃和規律的步履中，沉穩入夢。

這是童年唯一的甜美記憶！我對小時候的記憶已不多，但太祖母的慈愛和農村豐收時的喜悅仍印象深刻。

採花生時，我坐在大竹篩上陪著媽媽、剝著花生；稻作收成時，三合院的稻埕上堆滿黃澄澄的稻子，像座小山，我就在「稻穀山」爬上爬下。因爲我是劉家大院最小的孩子，又最受太祖母疼愛，換成別人的話會被責罵「吃的東西怎麼能這樣玩」，但我淘氣頑皮也沒被責罵，這是我最快樂的時光。

然而，劉家大院有許多事仍是小孩子不能理解的。我偶爾會在半夜驚醒，像是來到另一個陌生世界——聽到大人們大聲爭吵，甚至看過爸爸大聲怒罵……，讓我不知所措。媽媽有時會過來摟著安撫我，就像在山中遇上颱風、閃電、打雷的夜晚，媽媽會哄我快快睡覺一樣，我也會乖乖睡覺。說也怪，第二天起來，一切雨過天青，男人們忙下田，女眷忙煮飯，彷彿什麼事都沒發生過一樣。

好幾次也確實如此，我想，等長大一些大概就能了解吧！不過，該來的風暴還是躲不過，有人說，「家，像個壓力鍋，掀開或爆開，只是剎那間。」

那一夜，「壓力鍋」爆炸了，就像燒紅的烙鐵般打了下來，迄今我仍印象深刻。那一夜，爸爸突然像發了瘋似的，拿起菜刀架在我的脖子上，吼著威脅媽媽：「離開這裡，不然就殺了小孩，大家一起死！」

爸爸突然變了個人，我被嚇到驚慌失措，媽媽也是一臉驚恐，我沒看過媽媽這麼害怕的神情。最後，媽媽屈服了，收拾了簡單的行李，由爸爸帶路，我們半夜摸黑走甘蔗園，穿過一層層甘蔗林，逃離了劉家大宅。

黑夜中，甘蔗變得比白天更高大，穿越甘蔗田的窸窣聲、遠方的狗吠聲和「唧……

唧……唧……」的不知名聲音與內心的驚恐交錯著。想不透爸爸爲什麼拿刀架著我脖子？爲什麼半夜要穿過白天都少進入的甘蔗園？還有，太祖母呢？怎麼沒一起走？

太多的事想不透，很快的，甘蔗園和暗夜吞噬了一切，黑夜讓人沉睡，我醒來時已在台北的三重。然而，這一夜穿梭甘蔗園的惡夢卻永難忘記。

多年之後，我逐漸勾勒出了當時發生的原因。媽媽經過多次轉籍，最後是劉家養女，而爸爸則是入贅的女婿，他們雖然進入大戶人家，但相對的卻是身分卑微，每天從早到晚不停工作，吃飯時，「大人們」先上桌，婦女和招贅婿只能吃剩下的飯菜，有時還免不了遭受冷嘲熱諷。於是爸爸想要的是外面的世界。

那一夜穿梭的甘蔗園，彷彿是電影中穿越時空隧道的蟲洞，錯過了，蟲洞就關閉，無法再回頭。我後來也曾尋找那記憶中的甘蔗園，但劉家三合院大宅和通往劉家的小徑都不在了，稻田、花生田、甘蔗田也都不見了，地型地貌都有了很大的改變。

後來，也聽說太祖母找過我們，但沒有結果。而我的童年就停留在那一夜、那一刻，竟是如此匆忙倉皇且驚恐地告別童年，留下的童年記憶在甘蔗園外逡巡徘徊，卻再也回不去了……。

對了，那時候，我不姓謝，姓劉，叫做劉秀英，要經歷二十九年後才改姓謝。那一晚離開南投埔里鎮水頭里，直奔台北縣三重埔（現在的新北市三重區），從山區進入繁華都市。有時我也會想，如果我仍留在埔里山區，是否能過個單純簡單的人生就好；但，當時連明天是什麼都無法確知，更別說等在後頭的一個個考驗啊！

2

看人蓋大樓，阮住空殼厝

偶爾從一張舊照片裡，看到五〇年代到六〇年代三重埔的剪影。照片上是晨曦中一群在台北大橋下等待工作的男人，他們頭戴著斗笠、腳穿著膠鞋，雙手插褲袋，瑟縮地在寒風中抽著菸，彼此緊靠著取暖。

三重緊靠著台北都市，成了發展腹地，而台北大橋是台北通往三重的主要橋梁。這個時候正碰上台北、三重一波波房地產熱潮，許多中南部人到台北找機會，在建築工地打個雜工，三重便成了進入大台北的第一站，台北大橋下則成了當時全台最大的臨時工市場。

「台北橋下賺吃人，大家都是出外人……」、「台北橋下賺吃人，不分熱天也入冬，等人請阮去做工……」一首〈台北橋下賺吃人〉的老歌，傳唱的恰是這一場景。

我不清楚爸爸、媽媽是不是也曾在台北大橋下等著工作，但曾聽媽媽說，爸爸曾因扛重物受過傷、吐血。推想他們到了三重後，爸爸就到台北大橋下找零工，媽媽則是忙著找房子、安頓一家。

離開了南投，我們最後投靠在三重蓋房子的二舅。有一段時間，爸媽就在工地打工，工地較沒事時，爸爸或許也會到台北大橋下等著做其他雜工，而爸爸後來改做貨車司機，或許也是在這一情形下等待機會轉換的。

到三重後，我們開始一連串住工地的日子。爸媽外出工作後，我就在工地旁的沙堆玩，我沒有玩具、沒有同伴、沒有洋娃娃，更別說繪本童書，我只能自己和自己玩。工地中有紅磚、有樹枝、有沙堆，也有鋪好的水泥地板，我用紅磚畫圖，也會拿著樹枝在沙子上畫畫。

有一段時間，大概是家裡情況較好，我還上過幼稚園，但不久又因爲爸媽忙，也跟著蓋房子的工作，不斷轉換工地、不斷搬「家」，短暫的幼稚園學些什麼？有沒有要好的玩伴？現在回想起來竟是一片空白。

一家人在三重工地流浪，有屋住卻是「居無定所」，最後，還是二舅媽提醒：「秀英應該要上小學，要有戶籍才能入學。」熱心地幫我們找個房子租，我們一家人因爲我要上小學，才總算有了戶籍，儘管它也可能是臨時的。

到我八歲入學前，就已換了十多個住所，大都是睡在工地，住帳篷或三合板搭的工寮，當然，也曾住已經蓋好但還沒有交屋的空殼厝。住的地方沒水、沒電，晚上點一盞煤油燈或點支蠟燭，有的時候是靠接工地臨時電，我們才有電燈照明。媽媽不管搬到哪，總會帶個大水缸，水缸底部有水龍頭開關，水缸裡放著石頭、木炭、細沙跟棕蓑濾水，水源有河水、井水、雨水，都是走到哪、取到哪，有時也會裝雨水，再放塊明礬淨水。

隨著工地搬遷，一家人也習慣「在都市游牧」的生活。不過，因爲三重就在淡水河邊，特別容易淹水，下場大雨就淹，颱風來淹得更嚴重，大水一來經常淹到一樓高，家中的家具泡在水裡，一泡就壞；也因爲我們經常搬家，到後來家具乾脆能省就省，房間內大都是空空的。

常遭遇颱風、淹水，小孩子也學會苦中作樂，大水一過，家旁邊的空地常留下一個個水坑，水坑中有泥鰍，我常在颱風後抓泥鰍，抓了一大盆，晚上全家加菜，這對現在的台北人來說，大概很難想像，但五十年前淡水河確實是有泥鰍的！

到三重的隔年，我七歲，當時爸爸、媽媽都要外出工作，媽媽就教我怎麼樣架柴火、怎麼燒紅煤球，要我學煮飯、學洗衣，學習自理生活，爸媽都出門時，我也會做家事，傍晚時先煮晚飯、做菜，等著他們回來。

後來，爸爸改行當貨車司機，白天一早出門載貨，晚上很晚才回家，經常看不到人，那時候，最期待的就是媽媽晚上回家一起吃飯，媽媽是我最好的朋友。

媽媽曾到一家喪儀社工作，吹鼓吹、打大鼓樣樣都來，也是一早忙到晚。她曾帶

菊／寫意　35×45 cm　2016 年

著我工作，後來，媽媽懷了大弟，帶著我又挺著個大肚子到喪事場合吹奏，同事勸媽媽：「小孩子來這裡不太好。」、「肚子一個，手拉一個，做不來啦！」媽媽堅持了一段時日，最後才留我一人在家。

有時喪事要忙到很晚，媽媽出門前，就給我一元五角，讓我晚餐到巷口吃碗陽春麵，麵很簡單，是一球白麵或黃麵淋上大骨湯，再放上兩三片薄薄的肉、灑上蔥花或芹菜。每天晚上我吃完麵就在巷口路燈下等媽媽回家，等了一會，媽媽就回來了。有好長一段時間，都是我一人蹲在巷口等著媽媽回家。

※ ※ ※ ※ ※

八歲進入小學，我在一個五十多人的大班級，我在學校的成績平平，學科上沒特殊喜好，也沒有那一科成績較突出，回想起來，算是中等成績。不過，畫圖卻是一枝獨秀，那時遇上校內、校外比賽，老師總會挑我的畫參加比賽，也都一次次得獎。

剛開始，我拿著獎狀回家，爸爸、媽媽都很高興，會向親友誇耀：「秀英很會畫，還得獎呢！」但獎狀拿多了，多到牆壁都貼滿時，情況就不對了。有一次，我興沖沖地帶著獎狀回家，卻被媽媽拿起棍子痛打，邊打邊罵：「讓妳讀書，讀到哪裡了？妳哪一科讀好了？畫圖？畫圖將來就是沒飯吃，畫圖沒有用……。」

我很難過，原本以爲畫圖得獎會像先前一樣被誇，沒想到竟然挨打！但我是個聽話的孩子，打過了、哭過了，就不畫了。可是時間一久，還是會忍不住偷偷的畫。

那時台灣正流行歌仔戲，我家沒電視，還好住的是空殼厝，晚上我站在窗戶旁，就可以看到鄰居的電視，楊麗花、葉青、許秀年、狄鶯等等古裝扮相的才子佳人，讓我看個夠，經常是鄰居關了電視，而殘存的影像仍在腦海，伴著我入夢。

我喜愛繪畫，或許是因爲我有一項本領，我對看過的影像畫面和演員服裝配飾等細節，幾乎是過目不忘。

「畫圖會餓死，賺不了錢……。」媽媽的話還在耳邊，但腦海中卻不斷有歌仔戲人物、服裝影像，引導著我畫出來。在學校，同學知道我很會畫，會要求我畫小人頭，畫歌仔戲中的小生、花旦，一幅是兩毛錢；在小學生圈中，也流行畫個人物，再搭配畫好剪下的衣服、配飾。

後來，我又接了個生意，同學會請我幫忙畫圖交作業，一幅五毛錢；另外，學校將我的作品投稿參加對外比賽，也換來鉛筆、原子筆，甚至昂貴的鋼筆獎品。

那時在我的心中有小小的叛逆，不斷浮現——儘管媽媽說畫圖會餓死，但我卻感受到畫圖也可以賺錢，可以換到兩毛、五毛，怎麼會餓死？

我不會私藏，在學校幫同學畫圖換到的錢，一回家就掏出來給媽媽，還跟媽媽說是我在回家的路上撿到的。不過，這個謊也編得很粗糙，因爲從學校回到家的路，就只是穿過一條窄窄的巷子，說久了，媽媽也開始懷疑這麼小的巷子也撿得到錢？但和親友鄰居閒聊時，還是說：「我們秀英還眞有偏財運哩，經常撿到銀角！」

但日子並不總是吃完麵、等著媽媽一起回家那麼平順單純。有一陣子，在巷口等不到媽媽回家；又好一陣子，爸媽經常吵架。爸爸帶著我們到三重後，或許生活壓力太大了，開始喝酒，酒後就就亂發脾氣、還家暴，打媽媽、打我……，到現在翻開頭髮，頭上還有受傷後結痂留下的大小凹痕，都是小時候被打所留下來的印記。

3 女童惡夢，但願我是隻小小鳥

我七歲時，就學著生火做飯，煮給一家人吃，煮出來的飯都會帶著煙味，煮飯後的回報是我可以將鍋粑抹上鹽或糖，當成零食吃，香香酥酥的，這是現代人沒有的零食，卻也是當時許多小孩的共同經驗。

不過，飯燒焦了要被打、被罵，煮完飯、用過晚餐後，還要燒一家人的洗澡水。這時大弟已出生了，等家人都洗完澡後，我會利用柴火餘燼，在爐子上放個竹簍，竹簍上披著大弟的尿布，利用柴火餘溫烘乾尿布。只不過有時烘到竹簍燒壞、尿布燒壞，就會換來一頓打罵。

大弟、二弟、三弟接連出生，都由媽媽哺餵母乳。最後，媽媽也為了照顧接續報到的孩子而辭去工作，改在家做手工，她到紡織廠找碎布，再拼接做成被單出售，收入不多，也不穩定。

或許是「貧賤夫妻百事哀」吧！家中經濟情況不好，爸爸媽媽之間的相處就越來越糟。爸爸晚上回家總是帶著酒味，經常一回家就罵人，然後就是爸媽爭吵，接著爸爸就用粗皮帶抽打媽媽、打小孩。有一段時間，我很怕夜晚到來、怕爸爸回家、怕酒味、怕爭吵聲，因爲接下來就是挨打聲、哭泣聲，同樣的情景一再倒帶重複……，像是醒不過來的噩夢。

終於，媽媽受不了了，好幾次離家出走。有一晚，在睡夢中我覺得好痛、好痛，聞到了濃濃的酒味，一睜開眼竟是遭到爸爸強暴……。當時我只是國小五年級的小女孩，突然遭遇強暴，而且是來自父親，當然沒想到反抗，只覺得好痛、好痛……，不清楚是怎麼回事，心中想著我是不是又做錯了什麼事？爲什麼爸爸一回來就處罰我？

當時的社會，爸爸是一家之主，在家中就是個土皇帝，門關起來最大，可以決定一切。

那時候被打、被懲罰，沒有任何理由，爸爸對家人施暴，慢慢地變成家中的一種習慣，我們做對了也會被打，做錯了打更慘。那晚被爸爸強暴後，我有好一段時間仍是充滿疑惑，不斷自問：「我到底做錯了什麼事？爸爸爲什麼會這樣？」但接下來的卻是爸爸變本加厲，在一次次喝酒後就毆打我、強暴我。沒有任何理由，當然，也沒有答案。

「媽媽，妳怎麼不救我？」幾年後，想起這段遭遇，也曾怨過媽媽，怨恨媽媽那一晚如果沒離家出走的話，會不會不一樣？也怨媽媽在後來幾次爸爸施暴時，沒能出手相救。但後來我也理解了，當時媽媽也常被爸爸打，自身都難保，心中可能比我更苦，母女倆經常被爸爸拉著頭髮撞牆，在他一頓拳打腳踢後，我們身上、臉頰青一塊、腫一塊，打到「不成人形」，連出門都遮遮掩掩，甚至怕鄰居親友的眼光而不敢出門。

好幾次，看到媽媽不說話，靜靜地坐著，但不斷掉眼淚；也有幾次，媽媽又離家，不見人影。我們在三重的親戚不多，我找二舅和二舅媽陪著，到淡水河邊找媽媽，沿河喊著媽媽的名字，就擔心媽媽跳河；也有好幾次在河邊找到了媽媽，二舅媽又勸又拉帶著媽媽回家。

「媽媽，我們全家一起跳河好嗎？」有一次我問媽媽，也說生活太苦了，乾脆一起跳河；「秀英，我們死了，弟弟們怎麼辦？」媽媽也哭了，哭著說弟弟們都還小，如果我們跳河死了，弟弟們沒人照顧，「他們是無辜的，我們沒有權利要他們陪著我倆一起死啊！」當時大弟五歲、二弟三歲、三弟一歲，妹妹還沒有出生。

「這一切都是命！」媽媽總是用宿命來解釋這一切，要我忍下來，照傳統說法就是「呑忍」，意思是不但要忍，還要呑下去，要藏在心中，不說苦；媽媽說：「我們因前輩子有過錯，這輩子必須承受。」、「弟弟們都是無辜的，我們死了，他們要怎麼辦？」

回想起來，我是個聽話的孩子，雖然恨爸爸的家暴、氣媽媽的軟弱，但當時年紀小，也想不出解決的辦法，這種事也沒辦法向同學說，我童年生活中沒有玩伴，沒有交心的朋友，有什麼想法也無法向人說。

我逐漸變得自卑、孤僻，過著自己的生活，似乎不屬於班級、學校，不屬於這個世界；很難過時就畫圖，畫完了就覺得好過一些。因此，我不斷的畫，除了用鉛筆，也用蠟筆、毛筆畫。

當時畫的都是小鳥，或許想飛、也想離開家，帶著媽媽和弟弟們一起飛走，想像小鳥一樣自由自在的飛翔吧！

國小畢業後，雖然想繼續升學讀國中，但家中狀況不允許，因爲三個弟弟還小。總之，我最後也沒敢想上國中讀書這件事，爸爸託人找到在桃園迴龍紡織廠的工作，送我到紡織廠當作業員。我當時十四歲，站上機檯作業時顯得很瘦小。

這份工作要眼明手快，紡織機檯織著厚重的帆布，我必須在織線快完時，很快地接上線頭，讓機檯繼續作業；儘管如此，有一次還是被機檯上掉落的鐵棍打到，流了不少血，被同事送到醫院住院治療。迄今我的左小腿迎面骨還留著一道凹痕。

紡織廠二十四小時輪班，供吃供宿，沒假日；休息時，我幾乎都關在廠內員工宿舍，沒外出。當時桃園迴龍還很荒涼，工廠旁邊都是芒草，風又大；還有一陣子台灣盛傳鬧水鬼，有人說是匪諜在搞鬼……。不管是什麼說法，我聽到晚上風呼呼叫時就感到害怕；心中也想著媽媽、想著家人，擔心媽媽、弟弟會不會又被打？因而有著很大的不安全感。

躺在床上想家時，看見白天窗外有藍天、搖晃的樹木及小鳥；晚上月影，透過窗戶，都成了一幅幅剪影，將窗框當成了畫框，想像在畫框中裝上雲彩、月影、樹枝、小鳥等景物變化。每夜幾乎都在想家和構思「畫框內容」中打敗恐懼，東想西想地進入夢鄉。

後來媽媽又懷孕了，妹妹出生後，頭上還長了成人拇指大小的血管瘤，必須到中

芙蓉翠鳥／工筆　直徑 39 cm　1992 年

於餐廳任副董事長時期的作品，當時名叫劉江霖，故蓋印「江霖」；此畫也是第四十七屆全省美展入選作品，已於二十幾年前被收藏。

興醫院治療，我也曾陪著媽媽到台北市中興醫院。治療時，醫師用乾冰幫妹妹做冷凍治療，妹妹一直哭、一直哭，我要幫忙著抓住她的腳。心想，妹妹一定很痛，才會一直哭、一直哭……。

家境不好，妹妹的醫療費也高，「秀英，弟妹都還小，妳要堅強啊！」媽媽鼓勵我的話，也陪著我對抗隻身在外的孤獨、恐懼和不安——我要努力工作、賺錢，改善家境，好讓弟弟妹妹讀書，讓他們讀國中、高中、大學……，這股信念一直支持著我走下去。

◎編輯室提醒：若遭遇困境，可撥打安心專線 0800-788995（請幫幫救救我）、1995 尋求相關協助。

4

飄零落花，向誰嗚咽訴不平

終於有一天，爸爸來迴龍紡織工廠接我回家了，也幫我找了一份在餐廳洗碗、端盤子、掃地的小妹工作。這時候，爸爸改行當計程車司機，家庭環境理應變好了一點。不過，隨著家中弟、妹陸續長大，大弟已進小學念書，家中生活開銷還是很大。

爸爸並沒有改變，還是一樣愛喝酒、深夜返家就打媽媽、打小孩……，每個月還跑到我工作的餐廳，向老闆預支我下個月的薪水，我經常領到的只是空空的薪水袋，上頭記載著「薪水已經預支」。爸爸一再來預支薪水，到最後餐廳也受不了，我也待不下去，丟了工作，只好回家待業。在待業期間，爸爸竟然用全家人的性命當威脅，強迫我去接客，載我到中山北路二段一家飯店，把我交給了一位日本人。

「你再逼我，我就跳樓！」這時我已進入青春叛逆期了吧，開始對爸爸粗暴的行爲感到厭惡，更對爸爸載著我、要我到旅館接客一事反抗。我們全家住在一棟三樓頂樓加蓋的房子，面對著爸爸的無理要求，我也曾拿著菜刀，站在頂樓上高喊：「你別再過來，否則就我就自殺，從這裡跳下去！」

不過，爸爸有恃無恐，反而說：「妳試試看，跳啊、跳啊，妳敢跳，我就把全家人都殺掉……。」每次，爸爸都拿著全家人的性命威脅我，經常是父女僵持不下，但爸爸吃定我心軟，最後我還是敵不過媽媽、弟妹可能被爸爸殺害的威脅而認輸。

好幾次，我堅決不配合，結果就是全家受累。爸爸會在三更半夜回家，在十二月的冷天氣、全家人都熟睡時，掀開被子，舀起水缸冷水，就往我和弟弟、妹妹的身上潑；也會無預警地拿起皮帶就抽打，藉著打罵家人發洩情緒，就是要讓我感到：「妳要順著爸爸的意思，否則全家人都不好過！」

媽媽也幫我找了一家餐廳做服務生，在那裡，我遇上生命中第一位貴人——邱巡官。邱巡官在派出所工作，他的太太開了一家餐廳，大都做警察間迎新、送舊、婚宴等生意。我除了做餐廳服務生的工作，中午休息時，也抓住機會，主動學習烹調廚藝，因從小媽媽就教我煮飯、燒菜，所以我很快就學會，還要利用下午到傍晚的空檔時間，騎著腳踏車到各派出所、分局收帳。

在邱巡官的餐廳做事時，我想起家中種種情況，常在中午休息時哭泣。有一次，被巡官夫人發現，她關心詢問我，我向她吐露遭遇父親家暴，爸爸打媽媽、打孩子，還逼著我、晚上載我接客賺錢。

巡官夫人把我的事情告訴了邱巡官，但那個時候整個體制對婦幼、家暴、性侵害的保障並不周全，婦女遭到性侵害屬於告訴乃論，必須由受害當事人提告才算數，警方才會受理。

如果在當時還沒有保護令的拘束之下，一旦受害婦女提出遭遇家暴、侵害，最後下場是婦女只有搬出去、離婚或回娘家；女兒如果告父親，就等於要跟這個家，甚至整個家族決裂，要揹負「不孝女」的罵名而離開這個家庭。就算我有決心，離開家後，年幼的弟妹怎麼辦？

邱巡官鼓勵我告爸爸，但對十五歲的少女來說，我既不了解法律，也很擔心爸爸會報復，會眞的拿刀殺了全家；巡官夫人則教我，如果爸爸找妳接客，妳先用棉花塊沾紅藥水墊在內褲裡，就用月事來了搪塞，想辦法騙一天、算一天……。

※ ※ ※ ※ ※

「我已和人講好了，十七萬元，把秀英賣掉！」有一天，爸爸回家了，難得這次沒喝酒，但很認眞的跟媽媽說要把我賣到萬華寶斗里的江山樓，還強調：「價錢都談好了！」當時一層樓價約廿萬元。媽媽聽了爸爸的說法很緊張，我聽了也難過，眞不敢想那是什麼樣的生活。

爸爸要賣掉我，看來這是眞的，媽媽也捨不得我被賣進寶斗里，要面對更難堪的命運，再不提告，眼看就要被賣掉了。母女倆最後下了決心：「我們要採取行動！」

「要怎麼告？」媽媽也沒有告父親家暴的觀念，但想起爸爸藏著武士刀，還經常在喝酒後說：「我要用這把刀殺掉全家！」威脅著全家人的安全。母女倆商議後，拿著武士刀到派出所找邱巡官報案。當時台灣還處在戒嚴時期，私藏刀械是很重的罪，爸爸後來因我遭遇的事與私藏刀械共被判了十四年的有期徒刑。

「畜牲！」警察逮捕爸爸進派出所後就痛罵他。爸爸原本低著頭，最後弄清楚同在派出所的我們母女竟是檢舉人時，氣得說不出話，兩眼滿是仇恨，直瞪著我們。

在後續的開庭中，我和媽媽都成了「證人」，我陪著媽媽出庭時，法官也當庭罵爸爸「畜牲！」，並請媽媽考量離婚，只要媽媽提出，法官會協助判離。

「嫁狗隨狗走，嫁雞隨雞飛。」迄今我仍記得媽媽當時的回答，媽媽還向法官說，會等著爸爸出獄回來，法官聽完只能無奈地搖搖頭。當時的婦女就是這般認命吧，一切都逆來順受。

邱巡官很幫忙我，巡官夫人也很喜歡我，他們除了幫忙出主意，在我父親入獄後，也考量我的家頓時失去主要經濟支持，有次提出他們家中有個孩子，只要我答應，他們願意收我當媳婦，願意照顧我。

我曾幫這個孩子餵過飯，邱巡官的孩子腦部受過傷，常流著口水，兩眼看著人傻笑；餵他飯時，飯粒掉滿地。

邱巡官和巡官夫人都是好人，平常就讓我打包餐廳剩飯剩菜帶回家，我了解巡官夫人是好意，不嫌棄我、提議要我當她媳婦，是想幫我、救我，也讓我幫忙照顧她失智的孩子。

但我當時並不想就這樣嫁人，心中想著，嫁人就代表要照顧對方一輩子，對我來說，這是完全陌生的事。每次幫忙餵飯時，面對流著口水、看著人傻笑的孩子，我也不知如何是好，況且我還要負擔一家的經濟重擔，不想就這樣嫁人。最後，我離開邱巡官的餐廳，另找份工作。

蘭／寫意　35 × 45 cm　2016 年

因爲當時環境不允許，我沒進國中、高中，而與我同齡的少女，此時正是花樣青春的做夢年齡，偶爾多愁善感。有一次，我經過一所女子中學，看著學生在草坪上練歌，歌曲很好聽。

※ ※ ※ ※ ※

後來才知道，她們唱的是劉雪庵的〈飄零的落花〉，爲想像中因命運戲弄流轉風塵的女子傷懷而吟唱，「想當日梢頭獨占一枝春，嫩綠嫣紅何等媚人，不幸攀折慘遭無情手，未隨流水隨轉墮風塵，莫懷薄倖惹傷心，落花無主任飄零，可憐鴻魚望斷無蹤影，向誰去嗚咽訴不平……。」歌詞在傷懷中又帶著孤傲。

一牆之隔，同齡女孩練歌參加比賽，唱歌傷懷抒情，我卻是在現實的人生中飄零流轉。但，能向誰嗚咽訴不平？

5

暗夜獨行，山神跟著我

爸爸入獄了，大家鬆了一口氣，但對我們一家來說，問題並沒有解決，畢竟爸爸是家庭經濟主要支柱，他入獄後，家計重擔幾乎整個落在我身上。在離開邱巡官的餐廳後，我找到一家日本料理店當服務生，除了薪水較高，也有小費可分，算起來一個月大約有兩千元，但要挑起一家五口的生計，擔子眞的很沉重。

除了都市生活費越來越高，台北三重租屋金也不斷提高，算一算實在撐不下去，我鼓起勇氣，硬著頭皮和家住台中劉家的叔公商談，希望叔公能將房子借一房間讓我們一家五口人住，叔公了解我家狀況後，也答應了。從此，僅我一人在台北工作，媽媽和弟妹們都住在台中。

每到發薪日，我會在日本料理店收工後，立即打掃店內環境，收拾妥當後，跑步趕搭最後一班車到台中，將薪水袋交給媽媽，隔天一早搭車返回台北。

有一天，接到大弟用注音寫的來信，那是我收到的第一封信。內容說他們住在別人家，感覺很不好，還談到因爲一些小事引起了糾紛，「姐姐快來幫我們啊……。」我邊看信邊掉淚，雖然自己在台北過得辛苦，但想起媽媽和弟妹寄人籬下，生活一定比我更苦吧！

我思考著一家大小住在台中親戚家，確實會帶給人家麻煩。當時大弟七歲、二弟五歲、三弟三歲、妹妹還沒滿周歲，弟弟們正是活潑好動的年齡，頑皮、打鬧一定會造成同處一屋的親戚困擾，帶來生活的不便和吵鬧；而媽媽帶著弟妹，寄人籬下，生活上不方便，自卑心情也會在和親戚相處間變得特別敏感，推想媽媽一定是受到委屈，才找大弟用注音寫了這一封信。

我因而找謝家的三姑姑幫忙，婉轉說出弟妹逐漸長大，住台中確實不方便，希望她幫我們一家找個窩。三姑姑住在南投國姓鄉長流村山上，當時在山區的木造老房子，是三姑丈的家，三姑姑決定讓出一間大房間，讓我們一家人終於有個歇息處。

搬家到南投縣國姓鄉長流村山上後，在每個月的發薪日，我連夜得趕上近兩百里路。我下班後，先搭火車到台中，再搭最後一班客運車到長流；下車後，還要走一個半小時的山路才能到家。回家後，將薪水交給媽媽，又得趁著夜色往山下走；走到山下時，天已濛濛亮，正好趕搭早班公車到台中，再轉搭火車回台北上班。

暗夜疾行，常讓我走得一身汗，回到家時幾乎全身濕透。但最恐怖的是，有一次，竟碰到了山神。

對現代人來說，很少有機會深夜入山，更別說看過山神，甚至連「山神」都是個陌生名詞。但對我來說，這是親身經歷、親眼目睹，也是讓我感受到無形的靈異世界確實存在的難忘經歷。

有次深夜返家，末班公車就只有我一個人，進入山路後，月光皎潔，但四周靜得可怕，也覺得氣氛怪怪的，往常熟悉的山區竹林、樹木，這時都變得很詭異，讓我想起在三重讀小學時，同學傳說校園中的老榕樹是鬼變的，會抓人，傍晚或天色昏暗時，沒人敢靠近。這時，腦海中浮現校園老榕樹的故事，讓我越想越怕。

忽然間，我聽到濁重的聲音在耳邊響起，像貓熟睡時發出「呼嚕、呼嚕……」的聲音，一回頭，看到山神就跟在我後面，幾乎是緊貼著我背後走，我快步走，山神也跟著快步走；我腿軟慢下來，山神跟著慢下來……。

山神很高大，像一大幢房子，也像個大雪球一般，渾身毛絨絨地發著淡綠光芒，我擔心被山神抓走，不敢再回頭看，一路上半跑、半走，到後來兩腿腳軟，幾乎是用爬的回家，全身冒的是冷汗。

「秀英勇敢，妳很乖，山神是在保護妳，不會害妳……。」到家後好久，我才回過神來，哭著和姑姑談起遭遇山神、被山神追著跑，姑姑不斷安慰我、鼓勵我，讓我寬心許多；姑姑對我說：「妳沒做過壞事，沒有害人，山神跟在妳後面，是在保護妳啊！」

這一鼓勵，也讓我後來深夜上山時不再害怕，沿路看著月娘，想著家人，告訴自己不要怕！說也奇怪，後來都沒遇到山神。

我不是特別勇敢，回首來時路，我也想過，當時怎麼有那麼大的勇氣，敢在深夜獨自上山？不怕山神、野獸、壞人？不怕暗沉沉的夜？但，如果我不上山，一家五口人的生活怎麼辦？大夥就等著我每月這份薪水啊！

※ ※ ※ ※ ※

我一人在台北，生活上儘量節省，經常是喝湯配白飯就過一餐，但想起弟弟、妹妹逐漸長大，家庭開銷增大，我每天想的都是強迫自己要怎麼找一份收入較高的工作，而且要趕快找到。

我翻看報紙求職欄，但一般粗工、作業員、服務生等工作，開出的條件都要國中畢，我僅有國小畢業，要找份高薪工作比登天還難，爲了讓家人過更好的生活，讓弟、妹未來不致於像我一般失學，我做了「追求高薪」的決定。

「高薪、免經驗」這樣的廣告字眼吸引了我，最後我找到一家由吳姓老闆主持的應召站，狠下心當起應召女郎；心想，我的肉體本來就很髒，如果用這個髒肉體能換來一家人不會餓死，也值得吧！但這種工作跟被爸爸要把我賣掉的地方有什麼不一樣？

應徵後，心中也懊悔，我每天以淚洗臉。但心中也很難過，這種工作讓我一下子進入成人世界討生活，不管妳抱著什麼想法，顧客大都帶著有色眼鏡看人，輕佻、吃豆腐、動手動腳是平常，甚至羞辱、凌辱……，因爲，有錢就是大爺！有錢，就把人當貨品看。

「我這是在做什麼？」好幾次，都覺得我已沒有了身爲人該得到的最起碼對待，身心靈受到極大的汙辱。但爲了媽媽和弟妹的未來，對在大都市討生活、要養活山區

家／水墨　137×35 cm　2008 年

「我家門前有小河，後面有山坡；山坡上面野花多，野花紅似火。」
發想自兒歌〈我的家〉的創作。

一家人的我來說，金錢確實會逼人走入絕地。這時滿腦子愁錢的我，又能容有幾分尊嚴與矜持？

「心裡一直覺得我很髒，我真的很髒……。」每次拿錢回國姓鄉，再回到台北後，我難過地不斷自責。洗澡時覺得自己很髒，拿著鋼刷刷手臂，一直刷、一直刷、一直刷……，一面罵自己很髒，最後刷到手臂通紅、刷到破皮流血，但這時心中反而覺得舒坦，很奇怪，或許，當肉體感到痛苦時，那一刻，反而壓制住了心裡的痛……。

直到現在，我還是注重乾淨，甚至有潔癖，住家、畫室都收拾得乾乾淨淨，有的藝術家不修邊幅，或工作室凌亂，但我的畫室要求乾淨清爽，畫筆、紙、顏料、作品、半成品都要井然有序。

6

爸爸回來了，媽媽急著嫁女兒

「不許動！我們是警察！」有一天，我和其他幾名少女在街頭等候應召時，喬裝客人的警察突然亮出證件，逮捕了我們。當時我十七歲，被送入收容少女的廣慈博愛院，心中擔心可能被關？要關多久？我會被罰錢？罰多少？我將面臨不可測的未來，那媽媽和弟弟、妹妹怎麼辦？他們在山上等著我這一份薪水啊！

進入廣慈博愛院後，我經常背著別人啜泣，或在深夜睡不著時哭泣，孤單、無助，因爲想著家人而默默流淚，但也沒想到我在這裡遇到人生中第二個貴人——董貞玉阿姨。

董貞玉阿姨很親切，像親人，沒把我們當「不良少女」，她關心的詢問「小妹妹，能告訴我爲什麼哭嗎？」，讓我緊繃的情緒一時宣洩出來；我向她吐露，爸爸坐牢，媽媽有肺癆、會吐血，弟弟妹妹又很小，全家人就靠著我養家，如今我被「關在這裡」，全家人不知要怎麼生活下去？

我的童年、讀國小和外出工作，除了媽媽，幾乎沒有可以談心的朋友，對著董阿姨談了這些，董阿姨聽完也紅了眼，立即協助安排媽媽接受治療，也幫忙將弟弟安置到新莊一所由基督教設置的孤兒院，由院方暫時照顧。

董阿姨當時擔任廣慈博愛院附設的職訓所所長，安排我接受三個月的美髮美容技藝訓練，最後還幫忙我租間房子。董貞玉阿姨住在二樓，我和媽媽住在一樓。

我在廣慈博愛院收容期間，院內收容了約六十位少女。當時，十大建設正帶著台灣從農村進入工商發展，但這段過程中，也有不少長男、長女爲了分擔爸媽的重擔，爲了照顧年幼弟妹，進入工地、工廠做苦工，有的女子甚至進入色情行業，大都爲了家庭而犧牲自己，希望讓家人的生活過好一點。

這些人大多數都抱著吃苦、忍耐的態度，爲了家庭甘願犧牲自己。回想起來，當時我也是凡事都忍。有一次，我因肚子痛得直冒冷汗，但擔心沒錢看醫生，直到忍不住時才提出就醫，醫生診斷出是盲腸炎，爲我做了全身麻醉，開刀取下一截已變黑的盲腸，差一點就成腹膜炎。

董阿姨很照顧我，完成三個月美容美髮的職訓課程後，還安排我跟著她的女兒陳小峰進到台視美容部做化妝美容，爲影視明星們化妝；我也很認眞，各項技巧學得快，很快就能獨當一面，有的妝要求在很短的時間內完成，我做到了，也獲得很多實戰經驗。

這份工作有如現在的新娘秘書。後來，我經常一早就提著化妝箱出門，爲新娘化妝，十點多則爲預約美髮美容的客人服務。美髮美容生意越做越好，最後還開了間店面，我和三位美容美髮師經營美容坊，身邊一只化妝箱也伴著我十餘年，甚至我後來開餐廳、經營酒店，都沒放掉美容化妝的工作。

※※※※※

「爸爸要回來了！」爸爸被判刑十四年，先後在桃園龜山和台東鹿野等地坐監執行，媽媽都大老遠去探望。不過，接連遇上蔣中正去世、蔣經國接任當總統，爸爸在短時間內，連續遇到兩次特赦，原本十四年刑期，減到四年。對許多更生人的家庭來說，這樣的通知是國恩家慶的好消息；但對我和家人來說，這，等於預告又要開始一場場風暴、一場場苦難。

怎麼辦？這四年來全家原本平靜的生活，一下子被攪亂了，我們甚至陷入恐慌而不知所措。媽媽考量她先前和我帶著武士刀報案，讓爸爸坐牢，如今爸爸回家後，一定會報復。媽媽說她已習慣了、也不怕，頂多只是被爸爸打；不過，擔心我會再被打，甚至再被賣掉。

先前我從事應召工作時，也會利用空閒時間到萬華老人聚會場所，爲老人們準備小吃、泡泡茶，賺點紅包錢；在這裡，也認識了前夫。前夫大我七歲，常來這兒泡茶聊天，也曾和我聊過幾次，但聊些什麼內容我已經忘記了。

也不知前夫怎麼找到我家的，他找上我媽媽聊天，大概是對我感到好奇吧，想多了解我的生活和家庭。因此，在爸爸要回家前，媽媽想破頭的問題，彷彿找到老天爺丟下的答案——媽媽在我前夫來聊天時，主動提起：「如果你不嫌棄秀英，就讓秀英嫁給你。」

「秀英小時候曾遭遇爸爸施暴，現在做化妝美容，但這個女孩很乖，又很好。」媽媽考量爸爸回來後，會對我不利，和我前夫聊天時，坦誠地談了我的遭遇，也詢問他：「會不會因此嫌棄秀英？」前夫說：「不會啊！」

這就樣，民國六十七年一月，趕在爸爸出獄前、在媽媽主張下，我十八歲時結婚了。前夫家是個大家庭，除了公公、婆婆，婆婆還生有五男、四女，前夫是次子，但是是家中第一個結婚的小孩。我新加入這一大家庭，也了解做大家庭的第一個媳婦並

薔薇／膠彩　18×25 cm　2017 年

不輕鬆。

我每天大清早起床，先要幫忙婆婆張羅全家，以及我媽媽拿錢給前夫開的彈簧床工廠裡的師傅們，共十多人的早餐，還要洗一家人的衣服，洗好晾曬後，再帶著化妝箱出門、到美容坊工作，每天忙得團轉轉。

匆促結婚，先前並不知道丈夫的爲人，不知他嗜好什麼？在嫁入夫家後，才知道丈夫嗜賭、愛玩樂、沒有責任心，每天幾乎見不到人影。有許多日子，我都在忙碌一晚後，覺得又累又無助，想哭，但也不敢大聲哭，只好蒙著棉被啜泣；但也在這段日子裡，我發現懷孕了，長女來報到。

生產後，我以母乳哺育，工作和家庭重擔仍是一肩挑。有了女兒後，前夫一樣在外玩樂，整個家還是丟給我，甚至在外面欠下賭債。在這個大家庭生活中，前夫是婆婆眼中的「乖孩子」，做媳婦的人還得協助掩護丈夫在家族中的形象，我不敢向公公、婆婆訴苦，一切的苦只有往腹內吞，兩人因而陷入冷戰，讓我在這個大家庭中，更顯得孤單。

「我要離婚！」這樣的婚姻讓我失望，決定離婚，除了因前夫放蕩、沒責任感、嗜賭，讓人厭惡，我還發現他出軌，在外有年輕美眉，讓我覺得遭遇背叛，對婚姻和未來感到心灰意冷。

十八歲時，媽媽因擔心我再受爸爸家暴，要我趕快結婚逃離一個家，如今卻又扛起另一個令人難堪的「枷」。我思考自己擁有化妝美容的技藝，有能力照顧女兒，決定結束這一有名無實的婚姻，「我要過自己的生活，我相信不用靠丈夫，我一樣能照顧孩子，能有很好的生活！」於是我主動提出離婚。

7

救母簽約賣笑，救女再度結婚

「小妹妹，二哥他有點事，沒辦法來，妳不用等了，二哥找我先來接你。」我掌握前夫在外面交了女朋友，也不忍她受騙，知道前夫和女子有約後，我謊稱是前夫的妹妹，前夫在家中排行老二，許多人稱他「二哥」，我就用這一方式把前夫的女朋友帶回家中。

原本認爲兒子不會犯錯、兒子是乖乖牌的婆婆，見我帶回個女孩後，半疑半信，仍不認爲兒子會背叛婚姻、在外交女朋友，直到前夫返家，見到女朋友也在座時，大驚失色；我這時也告訴對方說：「小妹妹，妳不要害怕，我，就是他的太太，妳被騙了……。」

在攤開一切後，前夫像洩了氣的皮球，喪氣地坐著，前夫的女朋友也愣得說不出話。我沒有大吵大鬧，只是將一切攤開在眾人的眼前，前夫料不到會有這場「大老婆的反擊」，這時，公公、婆婆才了解兒子背叛了婚姻。

最後，我提出要求，結束了兩年又一個月的婚姻，但前夫知道我喜歡孩子、愛孩子，就以孩子要歸他做要脅，我跪在地板上，哭著、求著談了許久，希望帶著長女一起生活，說明我有把握帶大女兒、照顧好女兒。

但夫家堅持要孩子，前夫說：「孩子姓黃，離婚，女兒要歸他們黃家的。」離婚證書簽好了，他馬上帶走女兒，也沒有考慮女兒還在喝母奶，就這樣帶走女兒。

在當時環境下，婦女不懂得如何打官司，不懂得如何爭取監護權，離婚官司打下來，通常判子女歸夫家，婦女大都是輸家，我只能忍痛離開這個家。

※※※※※

爸爸出獄後，媽媽拿出十萬省吃儉用的錢，讓爸爸買輛計程車，希望他有個新開始，能改善家庭狀況，也把弟弟、妹妹從新莊的孤兒院接回來，後來我也因離婚回家，一家人又團聚了。但，情況似乎沒改善。

回娘家後，見到的仍是爸爸經常在酒後打媽媽、打小孩。大弟這時就讀國小六年級，一大早就外出送報紙賺學費，也逐漸進入青春期，會和爸爸爭吵、反抗，最後甚至離家出走；媽媽仍和以前一樣，一切總是逆來順受。好幾次我見到媽媽大量出血，詢問媽媽，媽媽總是苦笑不答。

最後，我才知道媽媽是因爲子宮肌瘤且已惡化，才會大量出血，當時已惡化到必須開刀的境地，但媽媽考量家中沒錢，強忍著身上病痛拖磨，爲著家庭而辛苦撐著。

「不行，我要救媽媽！」這時大弟、二弟、三弟都還在讀國小，妹妹還沒進小學，爸爸呢？我發現這時他竟然在外面交了女朋友，對媽媽的病痛不聞不問，但我不能讓媽媽受苦，必須籌一筆錢救媽媽。

我找上新太原酒家，也就是現今的桃花紅大酒家，和當時的老闆商談後，簽下了五萬元的賣身契，但說明我到酒家賣笑不賣身，僅陪客人飲酒、談天。在拿到五萬元後，立即安排媽媽到台北博愛醫院動手術，取出的子宮肌瘤，有如心臟一般大。

媽媽進開刀房後，爸爸來了，還帶著他的女朋友來，我一肚子委屈刹那崩潰，在醫院和爸爸大吵，氣爸爸不負責任，心疼媽媽的軟弱，媽媽爲了家庭受病痛拖磨，爸爸竟然在外交女友。但爸爸沒多說什麼，只停留一下，在媽媽出手術房前，帶著女友匆匆離去。

爸爸還是沒和媽媽見一面，說一聲安慰話，只剩我在醫院長廊孤獨地等候媽媽出開刀房。當時覺得媽媽眞命苦，在爸爸離去後，我一時悲從中來，忍不住流淚、低泣，推著媽媽走過長廊回病房。

我簽下賣身契救媽媽，但大弟很不諒解，認為我到酒家上班，賺的是骯髒錢。有次，媽媽叫大弟吃飯，大弟賭氣不吃，還說：「我不要吃妳骯髒錢賺來的飯……。」媽媽手術成功返家，我繼續在酒家工作。白天外出為人化妝，晚上到酒店上班，夜晚常在歡場酒席間杯觥交錯，借著拚酒嬉鬧暫時忘掉痛苦，用酒精麻醉自己，也經常喝到癱，甚至喝到胃出血、十二指腸潰瘍住院，至今到醫院做體檢，當年因十二指腸潰瘍而留下的痂疤還在。

我辛苦工作，也想念長女，對任何一個女人來說，有了孩子，生活重心和心思，自然全都轉到孩子身上，「爺娘想子是長江水」媽媽對孩子是無可救藥的想念，「孩子好嗎？她現在怎樣了？」不斷在我腦海出現，尤其孩子出生後都由我哺餵母乳，離婚時女兒才十五個月大、還喝著母奶，有好幾次，我要求看看孩子，但前夫不允許我去看。

經過一再的交涉，終於，前夫來跟我媽媽談，說他會改進，會好好認真工作，希

夜顏／膠彩　直徑 39 cm　2006 年

望我能回去看女兒，甚至提出希望我能和他復合；商談時，也透露了孩子的狀況，在我離去後，孩子有很長的一段時日哭鬧、不習慣，吵著要媽媽，甚至還因長期哭，眼睛受損，需要開刀救眼睛。

我再見到女兒時，眼前出現的是個瘦弱、患氣喘病的孩子，前夫則不斷保證：「我會改，不會再讓妳失望。」看著眼前沒娘照顧的孩子，我心軟了，答應再婚，第二次婚姻嫁的仍是同一人。但前夫並沒有因二次婚姻而改變，應驗了「江山易改、本性難移」這句話，婚後他一樣在外賭博、遊蕩，對家庭婚姻沒責任感。

先前嫁女時，媽媽曾拿一筆積蓄交給前夫，希望他開間店面，做彈簧床的生意，但這筆錢最後仍被前夫賭博花掉，甚至還在外欠下賭債。這些事媽媽並不知，我也不敢說，怕媽媽自責：「怎麼選上這樣的女婿！」所有的苦，只能往自己肚子裡吞。

我靠著一股勁勤奮努力，到酒店上班，加上美容化妝，從早忙到晚，很快就把五萬元「賣身款」還完，但丈夫在外積欠賭債，娘家也需要錢。這時我已在台北打滾多年，也已不是當年從南投山區來到台北都會、面對水泥叢林和複雜社會而手足無措的小女孩，我決定「乾脆也來開酒店」！

我向好友吳姐提議，吳姐認爲可行，也向葉姓建商提起。葉先生經常到酒店，人很正派，熟客久了變朋友，他也樂意借款協助我開店。不久，我募足股，也找到百坪大的地方，在台北中山北路二段開起「白嘉莉餐廳」營業。

當時的我廿四歲，僅少女時期在邱巡官開設的餐廳學過一些廚藝，但沒學過餐飲管理，在吳姐和朋友的協助下，餐廳做得很順利，生意越做越大，從一百坪變爲三百坪規模。

算一算，十年不到，我十五、六歲時，在三重市邱巡官和一家日本料理店當小妹服務生，如今已是酒店的副董事長，管理一家有規模的酒店，酒店生意很好，也闖出名氣，每天一開店，就是政商名流、黑白兩道出出入入，有的來談生意，有的來喬糾紛，每天鬧哄哄。

因爲事業的成功，此時的我相信，命運是掌握在自己手裡，只要肯努力、願意做，有付出就能得到成果，無論人生中有什麼樣的夢想，都有成眞的一天！

【第2疊】

啥米曨唔驚。
如夢似幻的過場人生！

8 我追金錢、錢追我，仍是輸家

七〇年代末期，台灣不但經濟起飛，更衝上浪頭。白天，大小貨車往來穿梭，載著廿四小時不停運轉的工廠貨物；晚上，談業務、交際應酬……，一場一場金錢遊戲大剌剌地在街頭展開。當時台北的中山北路更是紙醉金迷的銷金窟，每晚霓虹燈加上五顏六色的聖誕燈泡閃爍，將台北夜晚打造成不夜城。

街頭唱片行播放著羅大佑的流行歌曲〈鹿港小鎮〉，高唱著：「台北不是我的家……我的家鄉沒有霓虹燈……」唱出遊子在大城市下的省思；但街頭另一端，林強那帶著叛逆、年輕，伴隨著車輪滾動節奏的〈向前行〉，也在台北上空迴蕩，唱著：「台北，什麼好康的都在這……我什麼都唔驚……」農村小夥子受都市五光十色磁吸，要勇敢向前。

兩首歌在台北城市上空喧騰、交錯，訴說著台北這個城市充滿著機會，也充滿誘惑、險峻、陷阱與懊悔……。當時的社會氛圍是「台灣錢淹腳目，敢的人就拿去！」鼓勵冒險、追求財富。畢竟，富貴險中求啊！

這時，我已是主持上百人酒店的副董，充滿企圖心，也闖出了一些名氣，心中想著要將餐廳經營得更大、更大，因爲仍揹負著娘家、婆家、自己家那一張眼就是十餘口人的生活重擔，經營酒店可以改變經濟現況，心中想著要賺錢、要賺錢、要賺更多的錢，這樣才可以改善家人生活。

我沒學過餐廳管理，在台北酒店、餐廳林立下，要有一席之地，怎麼做到的？說白的就是抱著「大不了就是死」的想法。成長過程讓我厭惡自己的身體，心想自己已經是「死過好幾次」的人，那就拚命做吧，死都不怕了，還有什麼好怕的？

這樣的想法和豁出去的拚命方式，每天鈔票大把大把的進帳。到這邊消費的客人，大都抱著「花錢就是大爺」、「灑下錢就有權支配、就能爲所欲爲」的心態。有一次，一位客人酒後碰觸我的身體，出於長期以來對男性的防衛和敏感，當下「啪！」的一聲，不客氣地給對方一個巴掌，對方也愣住，旁人忙著勸他：「這一位不是小姐喔，是我們公司副董。」

拚命式經營，在黑白兩道間打滾，讓我成了「大姐大」，我當時姓劉，熟客和員工私下爲我取個綽號叫「劉查某」。有次，因氣不過爸爸在外交女朋友，我拿了員工藏放的扁鑽，決定「替媽媽出口氣」，找到爸爸的女朋友家，但女方不在，女方的丈夫在家，我當場亮扁鑽嗆對方：「好好管住你家的女人！」

在台北討生活，就難免遇上弱肉強食啊！有人藉著要舉報違建、消防安檢問題來索求，我就得周旋；遇上黑道來消費，我也要應付。有一次，不小心得罪一名大哥級的人物，對方撂下狠話：「要妳好看！」當時我連死都不怕了，竟沒懼怕，還回嗆對方：「儘管來！」最後，還是對方軟下身段，告訴我，「算了、算了，沒事、沒

觀自在／描金　54×105 cm　1999 年
（由劉明煌先生收藏）

事。」後來，也對我客客氣氣。

爲了經營酒店，我利用時間學會了開車，買輛二手車開著，到處收帳、跑三點半、調錢，但收到的錢往往是左手進、右手出，酒店經營要資金，娘家缺錢、家庭的開銷大，還要幫忙還丈夫在外積欠的賭債；另外，也要有一筆錢得隨時備著，當店內服務生和客人衝突受傷或在外打打殺殺受傷時，我得抱著錢跑慶生醫院，爲服務生送醫藥費呢！

來酒店消費的客人，有的給錢很阿莎力，有的仗著在黑白兩道還有點力量，想賴著不給，這時，就由店內組長、服務生出面。他們平時是服務生，但也有幫派背景，收不到的、不好收的帳就由他們去討，討回後從中抽成；遇上難纏的奧客，也由他們出面擺平。餐廳一間儲藏室內，就藏放著扁鑽、棍棒。

酒店生意越做越好，有十餘個股東、四到六十位的小姐、三十幾位男服務員和六位廚師。我每天晚上飲酒、和客人應酬；白天就跑銀行調資金，爲了籌錢、討債、還債而忙碌。這段期間，長子出生，但我無力照顧，請了廿四小時全職保姆協助照顧長子、長女。二弟也因和爸爸處不來，離家出走，被媽媽找回後，安排來我家住，他當時已讀高中。

我拚了命的工作，經常忙得團團轉，在勞累、拚酒、酒醉後回家，有時根本連怎麼回到家的都不清楚。有時醒來時，才發現車停在某一巷道，甚至有一次開車到台北近郊鄉下，一覺睡到隔天，怎麼開去的？完全沒印象。爲工作賺錢弄得身心俱疲，醒來時常常問自己，爲什沒出個車禍撞死算了……。

除了經營酒店的壓力，家庭仍是我最大的壓力來源。前夫依然嗜賭，當時台灣正盛行著大家樂賭博，前夫經常不在家，三更半夜到寺廟求明牌；如果在家未出門，就邀朋友在家打牌，對家事、孩子不聞不問。

娘家方面，爸爸和大弟、二弟間的衝突不斷，大弟最後離家出走，我還得到處找人，協助勸回；有次找不到，只好刊登尋人啓事，正好大弟上班的瓦斯行老闆娘看到報紙，和我連繫後，這才找回送瓦斯的大弟，後來安排在我酒店上班直到當兵。

我經營上百人規模的酒店，有車、有房，每月進出百萬元，光是家中開銷每月就廿多萬元，身上常帶著兩本支票調度資金。從小缺錢，如今嘗到金錢的滋味，但這卻讓我覺得眞是苦，一點也不快樂，我只是個過路財神，每天經手大筆鈔票，卻每天付款給各式各樣的人，還得賠上時間、精神和體力。

「這是我想要的生活嗎？」我多次在心中納悶，也經常問自己，這不是我想要的生活——每天上午十點到美容坊開店門、做美容，接著跑銀行，下午四點趕到餐廳，華燈初上，開始喧鬧、勸酒、敬酒、幫忙喬事……，經常忙到凌晨兩點，帶著一身疲憊和渾身菸、酒味回家。

眞不想過這樣的生活啊！某一天，我趁著酒店員工休息時，悄悄地進入廚房，找到一把雕菜用的雕刻刀，就往自己腹部刺下，雕刻刀很鋒利，刺下時並不覺得痛，我用手捂著傷口，看著血從手指縫中流了出來，不久後，感到頭暈，「碰！」地一聲，我因血流過多而昏了過去。

醒過來時已躺在醫院，昏昏沉沉中聽到醫師、護士間的對話：「好險啊！差一公分就刺到肝臟，如果肝臟一破，那就沒救了……。」

◎編輯室提醒：若遭遇困境，可撥打安心專線 0800-788995（請幫幫救救我）、1995 尋求相關協助。

9

出了醫院，進入精神病院

「九死一生」常被人拿來形容遭遇凶險狀況，但相對顯現生命處在惡劣情況下時，又展現出無比的堅強。回顧過往，我的生命坎坷，也曾經多次尋死，幾乎什麼樣的方式都嘗試了，如今我手腕上仍有著一條條的割痕。

在我住三重時，讀小學和少女時代沒朋友，很自卑，覺得不如人，日子很難熬，實在撐不下去了。有一次，我覺得很累，想了結人生，在某個很冷的冬天夜晚，我流著淚走上台北橋，先避開憲兵巡邏後，走到橋中央，很快地跨過橋欄就往下跳。（台北大橋跨越了淡水河，戍衛著進入首都的要道，在橋頭派駐著憲兵，憲兵除了站崗，也來回巡邏。因爲當時有人若想了結生命，也會去跳台北大橋。）

「噗通！」我清楚的聽到落水的聲響，但在剛接觸水面不久，刺骨的寒冷和臭氣圍了過來，讓我馬上暈了過去；醒來時，已躺在醫院接受灌腸洗胃。聽醫生和護士談起，原來是憲兵聽到落水聲轉頭發現有人跳河，立即下水救了我。

那時大概不少徘徊在都市叢林的人，經商失敗、感情失落等等，失意了就跳台北橋吧？於是憲兵巡邏時，也將預防跳橋列爲注意事項。

憲兵冒著低溫、躍入淡水河英勇救人的事蹟登上新聞，但這次跳水的我，體驗到滋味眞不好受，我迄今仍難忘。獲救後，淡水河臭水溝般的味道卻像是滲入皮膚、浸潤肺腑一樣，臭味久久不散，有很長的一段時間，我呼吸、吃飯、打嗝都是臭水溝味；好幾年後，只要想到這段事，臭味還是如影隨形地浮現，令人嘔吐到翻胃。

※ ※ ※ ※ ※

「媽媽，我浪費了十一年的痛苦生命……。」在拿雕刻刀自刺獲救，從醫院返家後，我終於忍不住向媽媽吐露不想再過這樣的生活，尤其，不想要這段婚姻。說出和前夫同處一個屋簷下，但兩人已形同陌路，第二次婚姻走了六年，也冷戰了六年，夫妻情份到此已盡失，加上好幾個家庭的重擔都壓在身上，我流著淚說：「媽媽，我很累，眞的不想再這樣下去……。」

媽媽終於了解我尋短原因，了解到當年爲我擇婿，卻讓我承受了這麼多的痛苦。我的前夫嗜賭、好玩樂，兩度婚姻並沒有改變，仍是喜好玩樂，在外交女友、沒責任心，我常爲了還前夫賭債，收拾前夫在外留下的爛攤子而焦頭爛額，媽媽在了解我的痛苦後，陪著我一起落淚。最後我籌了五十萬交給前夫，談判離婚。

但，接連而來的又是一場場親權爭奪戰。我愛孩子，如今有了長女、長子，和第一次離婚一樣，前夫主張孩子都要歸他，依當時時空環境，孩子的監護權歸父親是天經地義，婦女要獲得監護權很難。當時的我，僅國小畢業學歷，雖然有一些社會歷練，但沒有這方面的相關知識，也沒有門路循求到可以保護我與孩子的法律，在一連串的爭執煎熬中，最後，我仍失去長女和長子的監護權。

「家中空蕩蕩，只剩下未還完的貸款、沒搬走的冰箱和一台窗型冷氣機和床墊。」我徹底的被打敗了，以前再忙再累，回家看到雖已沉睡的孩子，還感受到家中有溫暖，生活有個重心，有活著的目標。

如今孩子沒了，生活頓失重心，每天回家看著空蕩蕩的房子，沒一絲人氣，深夜靜得可怕，幾天下來我已失去感覺，變得不能吃不能喝，整天呆坐，晚上睡不著，幾乎一星期沒闔過眼，但也沒落淚，大概淚也流乾了吧。我的體重急速下滑，也沒到美容坊上班，當時我廿八歲，卻瘦得不到四十公斤。

我經營酒店、餐廳後，美容工作始終沒放棄，請了三位美容師。美容坊同事看我沒來，擔心我一人在家會想不開，乾脆雇車接我到美容坊中就近照顧。

平日大家感情如姐妹，她們也熬了稀飯，拿著湯匙一匙匙餵我，拜託我多少吃一點，吃了才有元氣，但勸了半天，我一點胃口也沒有，甚至入口的稀飯有大半順著嘴角流下，稀飯汁掉了滿地。她們見我不吃不喝，不斷地消瘦，最後載我到中山北路馬偕醫院，醫師診斷後，立即寫下「嚴重憂鬱症與嚴重失眠症」，並開單要我住院強制治療。

強制治療沒起色，接著再轉淡水馬偕醫院。被送到淡水馬偕精神病患療養院時，我嚴重得仍對周遭的人和事「毫無感覺」，約一個星期，都是吊著點滴，腦中一片空白，大半時間枯坐，有時在房間和療養院走廊來回走動，只聽著自己的心跳和呼吸，幾近無意識狀態。

那種感覺很奇特，我像個遊魂在療養院中飄盪，清楚知道自己在哪裡，看著療養院中其他病患，有感情不順遂的、經商失敗的、自殺獲救的，也有每天沉默不說話，還有人尖叫、狂笑、大哭、大鬧……，各自做著各自的事，誰都走不進誰的世界，世界變得很陌生，有如突然來到地球一端不知名的小鎮，但小鎮的任何事都與我無關，也插不上話。有我、沒有我，根本沒差別。

我住獨立的病房很安全，不會受到其他精神病人的干擾，整天除了吊點滴還是吊點滴。住院第三天，護士告知醫生要找我面談，我回答：「不想再重覆那痛苦的記憶，自己的事還是靠自己走出來。」拒絕會面醫生。

第五天精神好一點，我到病房外走廊走走，看到很多精神病患的不同症狀。其中一位婦人拿著一條白色內褲向我走過來，告訴我說：「你看，你看大陸這個惡魔，拿著沾血的褲子要來害我！」但我看那條內褲並沒有血，不久，她又變了男人的聲音，等會兒又變了少女的聲音，一個肉體竟然住了三個人在對談。

「我沒有瘋，我不是瘋子，我不想在這裡，快把我接出去……」我忽然覺醒，告訴自己：「我不要和她一樣，我不要被命運打倒，我要堅強的活下去……」看著療養院中同樣受精神困擾的病患在病房遊走，我吶喊：「我不要在精神病患療養院度過後半輩子，我要走出去。」

我拜託護士打電話，請我的職員玉眞來幫我辦出院，請她們趕快救我出去。在美容坊同事的具保下，療養院同意了，由同事載著我回家休養。

觀自在／膠彩（由洪松田先生收藏）

回到家後，仍有萬念俱灰的感覺，那感覺經常如黃昏後的黑暗、如荒原中的霧氣，不自覺的從四面八方圍過來，也時常在腦海中浮現，逼仄而來，讓人無路可退。我思考，既然這不是我想要的生活，這樣的環境讓人痛苦……，乾脆結束這一切，離開傷心地。於是，我把酒店股權賣給其他股東，也把辛苦掙來的房子賣掉。

唯一沒放掉的是美容坊，姐妹們也很義氣，跟著我搬遷到天母士東路繼續經營，也鼓勵我開啓新人生。

這時的我，仍要長期服用百憂解，但是服用百憂解讓我精神無法集中，出車禍、走路常跌倒，造成我生活上很多的困擾。後來回想起小時候，只要心情不好就畫畫，畫完了情緒也好很多。所以，我開始拿起畫筆，用繪畫走出自己的人生。

◎編輯室提醒：若遭遇困境，可撥打安心專線 0800-788995（請幫幫救救我）、1995 尋求相關協助。

10

來如春夢無多時，去似朝雲無覓處

「花非花，霧非霧。夜半來，天明去……，來如春夢無多時，去似朝雲無覓處。」

這首唐朝詩人白居易寫的〈花非花〉，描繪著若有似無、似夢還眞的場景，有人說這寫的是晨光實景，花在晨霧迷濛中，因霧而顯得千變萬化；也有人解說這就像思念戀人，想著想著，好像影像清晰了，但一會兒又模糊了，轉眼有若無的愛情難以捉摸；當然，也有人指說這是感嘆年華易逝，或者也是一絲乍現的靈光，想再尋覓已不可得。

結束了兩段婚姻，也放棄一切後，我原本對感情一事已經看淡，更沒想婚姻的事，但人生總是無常，許多無法預料又無法避免的事，卻在這時闖了進來。這不速之客，正是「感情」兩字，它沒來由也沒理由地闖入我的人生，說它是意外也好，宿業也罷，或許也算是緣分吧。

我在美容坊工作時，美容坊同事常提醒：「這位葉大哥是可以託付終身的，對你很好喔！常在美容坊外面等你很久。」我開的女子專業美容坊是男人止步的。這位葉先生是我酒店的客人，知道我離婚後，就猛追我。我對他的印象，僅略知葉先生和家人從事著家族電子業，其餘知道的並不多。

這時我離婚，還是經歷兩次、同一人的失敗婚姻，讓我對異性朋友和感情都設防，甚至在心中築起一道牆，打從心中排斥，沒再考量談感情或婚姻。在經營餐廳、酒店時，也有異性朋友示好追求，但我家庭觀念強，儘管和前夫已是貌合神離，但婚姻仍持續中，我拒絕掉任何追求，甚至在男性靠近、拍打、搭肩時，都會閃躲、推開，做本能的防衛。

但或許女子怕纏，葉先生幾乎每天在美容坊外等我下班。有次，外面下著大雨，葉先生淋著雨在門外痴痴地等，當天我也把工作拖長，希望他早點離開，但直到做完最後一位客人離去，關門收拾美容坊時，看見葉仍淋著雨等候。這時，感情就像孩子找到了藏在閣樓裡的糖罐，也像落水人抓著稻草當浮木、急於上岸，這是沒來由的蝶戀花啊！貪心得什麼蜜都要，我就這樣受葉吸引與感動了。

「是的，就是貪心！」回想起成長過程，打從心裡底層厭惡男人、拒絕男人、迴避感情，但就當再次離婚、幾乎放掉身邊一切，讓人生一切歸零時，葉先生出現了，也讓我想嘗試愛情到底是什麼？是甜或是苦？

這闖入我生命中的意外，讓我重新思索：「愛情是什麼？我有戀愛過嗎？」、「兩次婚姻都不是愛情，也無法從中理解愛情。」、「那……我的愛情呢？」幾度反覆思索，再加上葉先生緊追，我幾乎是丟盔棄甲地卸下武裝，匍匐在愛情腳下。我，完全投降了。

離婚十個月後，我和許多初戀的女生一樣，原來，我也渴望著愛情，想了解愛情是什麼，羨慕別人在人生中找到眞愛，很想嘗試及接受這次的愛情，期待也怕再受傷害。但或許就是紅塵男女中所說的：「一切都算是緣分吧！」緣分來了躲也躲不過，我最後接受了葉的追求，也爲葉懷了孩子，有了次女。

但等我懷了孩子，生下次女時，葉卻有如人間蒸發，竟然不見了，更讓我驚訝的是，這時我才知葉有家庭，並沒有離婚，又跟老婆生了一位兒子，是我次女的弟弟。我竟在不知情的情況下，意外成了介入他人家庭的第三者。以現在的說法，我，成了別人的小三！

※ ※ ※ ※ ※

先前，經營酒店、餐廳又肩扛好幾個家庭重任，我的壓力很大，但也會偶爾忙中偷閒看場電影紓壓，但我都是一個人看電影，也讓自己心靈沉澱。有次外出看到台北華視藝廊正在展畫，我好奇觀看，也勾起潛伏在童年的繪畫細胞。獲悉藝廊展畫的畫家有在教畫畫，也報名學畫；另一方面，我也學習書法。

離婚後，重新開啓新人生，儘管工作仍忙碌，身心疲憊，但在學畫花鳥、山水時，在拾起許久以前的畫筆時，在投入畫作的那一刻，讓我得到平靜，心靈上有了寄託，彷如幼時某一個午后，在爸媽都外出，我一人蹲在工地拿著紅磚塗鴉，有著沉醉其中的快樂。

這段等候、煎熬的日子，在我的書法作品中，也有幾篇隨筆寄情：「汝是天，吾是地，宇宙間，來相遇、天醉語、地迷茫、巨風浪、變爻象、一葉女、縛情關、寄浮萍、了塵緣，半生情、付丹青、十方佛、護心靈……」寫著我的感情和最後寄情繪畫與向佛的心路歷程。

※　※　※　※　※

「又被騙了！」渴望著愛情，但我成長過程在男女感情上卻是一張白紙，原本認爲得到了眞愛，沒料到在感情上又重重跌了一跤，遭遇了背叛、打擊。我的日子在工作、繪畫、書法和撫養次女中打轉。但就在次女快三歲時，葉卻突然出現了，並請求我諒解。但後來我們也把男女之情轉化爲普通的友情了。

「葉家的男人都是這樣……。」葉家七十多歲的老奶奶很疼我，在知道我和葉的交往經過後，有一次，在埔里帶著我到寺廟去上香祈福，說出葉家幾個兒孫都是風流種，有妻子，但在外又交女朋友，老奶奶爲我的遭遇也感到抱歉，但事情已如此，也只好請我面對，接受這一事實。

葉是南投埔里人，我的故鄉也在南投埔里，在台北與葉交往時，有如巧遇故人，原以爲邂逅了一場如夢如幻的他鄉戀曲，但沒想到「好夢由來最易醒」，來得急也去得快，就如晨霧與花，夜半來、天明去，化做朝雲無覓處。

我後來結束了台北的一切，搬到國姓鄉定居、教畫，但經由老奶奶勸說：「教畫，到哪裡都一樣啊！」我接受老奶奶的勸，離開南投搬到新竹，讓他的兒子盡到做

野薑花蝶舞／膠彩　直徑 39 cm　2016 年

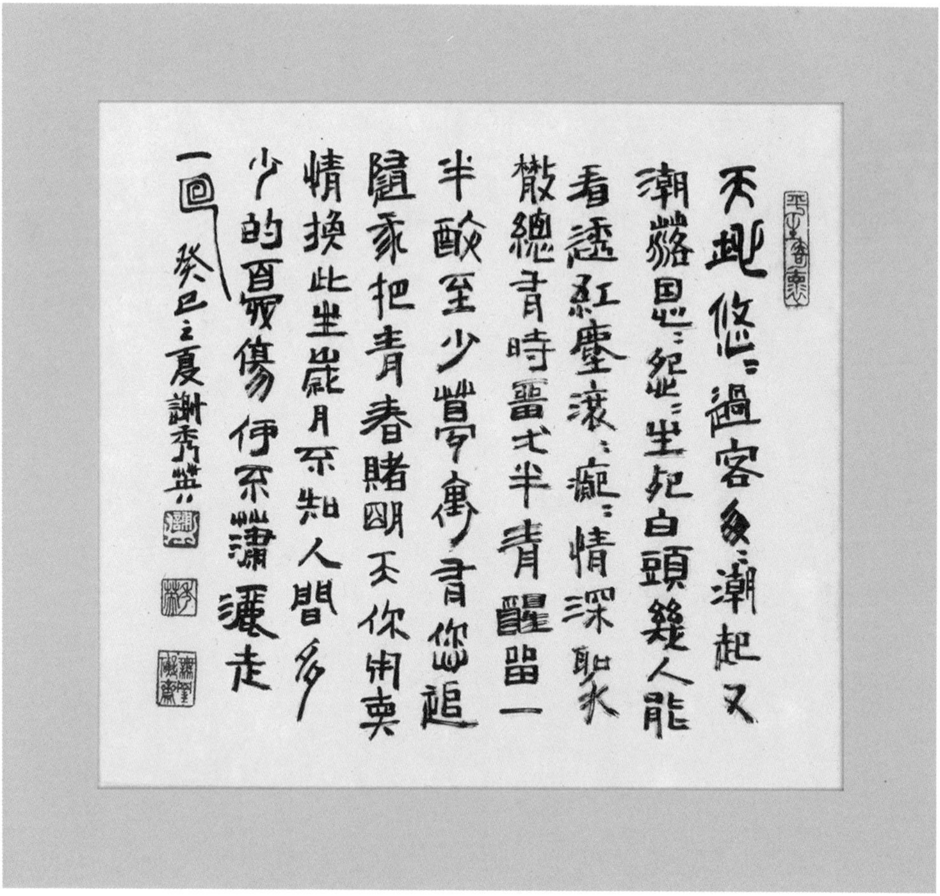

瀟灑走一回／書法　34×30 cm　2013 年

父親的責任，要看女兒也比較方便，不用到南投來。我在新竹展開新的生活，在陌生的新竹工廠打工、教畫，一切重新來過；但也因爲聽了老奶奶的勸，躲過了九二一地震浩劫。

或許老天爺自有安排吧！我相信人在世間的一切都是因緣，自有某種看不到的力量在安排著、牽扯著，該來的逃不掉，只有學習面對和處理；我和葉最後成了朋友，至於感情？已如晨霧轉輕雲，雲淡風輕，變成清淡如水的君子之交。

「次女是老天送給我的禮物！」我帶著次女到新竹展開新生活，在接下來的日子裡，母女倆遭遇人生更大的凶險和挑戰，但我感謝老天爺，也感謝上蒼賜給我一位貼心的孩子；在我往後的人生中，一直都有親密的家人（如長女、次女、女婿……）一路的陪伴。

11 尋找生命出口，乩童入佛門

台灣知名作家及導演吳念眞曾提起他一段「文字啓蒙」的故事。他來自瑞芳山區，早期那兒也是窮鄉僻壤，不像現在因發展觀光而熱鬧。山區許多大人因失學而不識字，村中一名識字的長輩爲人代筆寫信、讀信，也將這一工作交給他，讓他八、九歲時就透過爲人代筆寫信、與文字接觸，而跨入成人世界。

他因幫人代筆寫信、讀信，接觸到一些「大人之間的事」。許久沒回來的鄰居姐姐阿秀，原來因爸爸在礦災死亡後，挑起家庭重擔，十六、七歲就到都市酒家上班，一人到都市辛苦工作，養活媽媽和四名年幼弟妹。

故事從一位外省籍軍人看上阿秀、有意娶她開始，套句現代的說法就是「要帶著她追求幸福、共同築夢！」並寫信給阿秀的媽媽。當吳念眞讀這封信的內容時，念出信中一句「虎毒不食子，求阿秀媽媽不要阻攔。」這句話讓阿秀的媽媽當場崩潰、難堪，傷心又氣憤，想撞牆自盡。

阿秀的媽媽最後被大家拉住後，哭訴說著女兒也是她的心頭肉，要不是碰到家庭意外，也不會讓女兒去酒家做事。當時的社會，提到「酒家女」三個字時，嘴角眼神帶著曖昧、鄙夷、輕蔑，家人也得忍受親友背後竊竊私語、指指點點；儘管如此，阿秀的媽媽也隔空喊著：「阿秀，妳就讓阿母再拜託妳、求妳，再做個幾年吧……。」

阿秀的遭遇和我相似，也和當時爲家計犧牲青春的女孩相似。阿秀後來怎麼了？和追求她的年輕軍人結婚了嗎？阿秀一家人怎麼辦？或者阿秀持續在酒家上班，拒絕了年輕追求者？故事沒說結局，但或許也在這裡留下伏筆。我猜想，結局答案就是讓生命自己尋找出口吧！

這是台灣五〇到六〇年代的片段剪影，貧窮人家爲了改善家庭生活，長子、長女往往扮演犧牲角色，很早就承擔起家庭重任，進入工地、工廠，甚至到酒家陪酒、伴舞，當然也有進入色情行業討生活，各自找尋活下去的方式。

七〇年代台灣經濟起飛後，各界倡導建立富而好禮的社會，於是這一躲藏社會角落的生存方式，被視爲台灣一段不堪的過往。各界逐一消除「中山北路是銷金窟」以及「北投是溫柔鄉」的印記，廢公娼更鬧得沸沸揚揚，這段不堪的過去也很快的被掩埋，從家庭和社會記憶碟中刪除。

⁂ ⁂ ⁂ ⁂ ⁂

到我餐廳工作的女服務生，形形色色，大多數和我一樣，來自偏遠的山區或貧窮的村落，抱著努力工作改善家庭生活的想法，過一天算一天，不知道未來會是怎麼樣，但如果可以，都希望能存下一筆錢創業，再找到理想伴侶一同開創新人生。

不過，也有人是懷抱拜金、一心想賺錢，想買漂亮的衣服、精品首飾，賺多少就花多少，反正人生就是享受，沒想哪一天還會再過簡單又儉樸的生活；當然，也有賺錢養小白臉的，因男友吸毒、遊手好閒，靠著女朋友供應生活，甚至最後女孩也受影響跟著吸毒，一起沉淪。

每個人背後都有一些無可奈何的故事。不管如何，對每位離職的女孩，大家都抱持祝福，希望她離開後，能過得更好，送別宴時「不說再見」，還要求「再辛苦也不要再回來」。

我揹負了幾個家庭的生活重擔，爾後又在台北經營逾百人的酒店，正當事業逐漸走上高峰的時候，也是我徬徨無助、焦慮地找著生命出口的時期。因前夫嗜賭百喚不回，我想多了解前夫爲什麼沉迷賭博？爲什麼我的人生如此？我的未來呢？媽媽也常交代，要和前夫同命，所以有一段時日，我跟著前夫求神問卜，我想了解這一切究竟是怎麼回事。他到寺廟看人求明牌，我卻在無意間一度竟成了乩童，但最後卻入了佛門，體驗了比一般人多的機緣巧遇和接觸無形的靈界。

「起乩了！起乩了！」有幾次陪著前夫時，突然覺得身上通過一股熱流，接著就失去知覺，只記得耳旁鬧哄哄，聽到有人喊著「起乩了！起乩了！」但我卻不知發生了什麼事？腦中一片空白毫無意識，過了一陣子又醒了過來。

我的少女時代過得不愉快，痛恨自己的身體，覺得自己很不乾淨，這一想法和陰影，讓我變得很自卑、沒有自信，也不喜歡「爲什麼要借我的身體傳達訊息？」，後來，我思考跟著前夫拜荒山野廟，並無法改變他嗜賭個性，也無法挽回些什麼，漸漸地，也離開求神拜廟的行列。

對於宗教，我沒有預設的偏好喜惡，宗教都是勸人爲善的，人生難免遭遇困頓，在徬徨無助時，宗教信仰可給予精神和靈魂上的支持，提供信念，在人生路途上，讓人有走下去的堅信和面對困難的勇氣。

有幸生長於宗教自由的台灣，我和許多人的成長過程一樣，幾乎都曾接觸過各種宗教。幼時拿過教堂發放的糖果、麵粉，也曾跟著家人親友上廟拜拜、入寺禮佛，台

觀自在／工筆　45.5×59.5 cm　1994 年

灣也有不少佛道並祀、齊供神佛的廟宇。

我後來走上禮佛，曾追隨星雲上人、聖嚴上人、智敏慧華金剛上師聽聞佛法，覺得佛學很接近自己，佛教講的是眾生平等，沒有歧視，鼓勵人人可以成佛，消除我自卑的想法。而佛畫在工筆畫中，也佔著很大的份量，翻閱佛教經典書籍和繪畫時，都讓我悠然神往，覺得心靈平靜不焦慮，有喘息的空間。

我也將一些想法和個人感受，和店中女服務生分享，後來也有人跟著我學繪畫。遇到餐廳公休時，我帶著她們一起聽大師講佛經，跑寺院、聽佛法成了大夥假日休閒；遇上籌款建佛院，我們也捐款、捐畫義賣，抱著救贖的心情，希望多少能為社會做一點事，也選擇了與佛教結善緣。

當時不知道信佛對我日後的影響，喜愛畫佛來自單純的禮佛敬佛的想法，在畫佛後覺得身心舒坦，有寧靜放空的輕鬆感。後來，在我放棄餐廳、放棄在台北的一切經營移居南投後，有一段時間以畫佛畫維生，在顧客間建立起口碑；而也在深入佛畫後，也與佛畫更有感應。

有了信仰，生命是喜悅的、生活是多采多姿的，領悟到人生必須經過酸甜苦辣的淬煉，經由各項考驗讓生命更豐富。回顧我所遭遇的困頓，種種歷程都是指導我的老師啊，讓我在波折的人生中，找到信心，找到生命出口。

12 創設瀚霖藝苑，一圓藝術夢

我國小畢業後，就進入社會做事，忙著賺錢分擔家計，沒升國中就學，一直是心中的遺憾。廿九歲時，我重拾書本，進入蘆洲國中夜間部讀書。這時距離我國小畢業已十五年，再入學校，是爲了一圓蟄伏心中很久的讀書夢。

我因離婚離開天母搬到蘆洲，開展新生活，也就近選擇蘆洲國中夜間部進修。同學間的年齡層跨很大，部份是國小畢業後，對讀書沒興趣，先進入職場或當學徒，如今想再進修；但更多的人是和我一樣，因幼年時環境不佳失學，對校園生活和知識有著渴求。

班上同學幾乎都有工作，大都是「社會人士」，都很珍惜再讀書的機會。進入國中夜校進修後，上課時彼此是同學，下課時間大家的感情有如兄弟姐妹，像個大家庭一樣。

我當時留著短髮，也會吸菸，因經營餐廳、酒店時，往來的顧客群不少是黑道大哥，會在酒店「喬」事情，我多少也聽了些江湖恩怨，和一些大哥們之間的故事。所以同學在下課聊天時，會遞上香菸給我，常聽我談「江湖事」，我成了同學間的「大姐」，下課時的「大姐開講」很受到同學歡迎。在同學間，我拋開一切，顯露豪爽的一面，和班上同學交情都很好；成績上雖不是頂尖，但也維持在班上前十名。

我很珍惜讀書機會，也認眞上課，但畢竟書本放下太久，尤其英文沒基礎，數學也超過「計帳」範圍，學的是幾何、代數，英數這兩科我老是跟不上，其他學科成績平平，倒是繪畫一枝獨秀，學校要參加對外比賽就找我，我也經常爲學校拿下前幾名。同學對我的印象是「個性豪爽，但繪筆細膩」，兩者反差很大，不過他們都很佩服我畫圖的本領。

我白天在美容坊工作，晚上到蘆洲國中讀書，除了和葉先生的一段感情，生活上慢慢回復單純。繪畫上，我拜張克齊、陳桂華爲師，學習工筆花鳥與寫意花鳥，也嘗試素描、水彩、油畫、膠彩……，我的興趣很廣，幾乎什麼都學，什麼都能畫，各項繪畫技法一學就會，攤開畫紙、拿起畫筆，很快就沉浸在繪畫的愉悅中。

民國八十年，「瀚霖藝苑」在三重開幕了，這也是我送給自己的國中畢業禮物，更是我新生活的一項大禮——我圓了心中一個夢，一個擱置很久的藝術夢。

小時候媽媽反對我畫圖，畫圖得獎了，還常換來一頓打，她認爲繪畫無法賺錢，從小就告訴我，「藝術無法當飯吃，當畫家就是窮、活不下去！」我一提要畫圖，就會挨罵、挨打，有很長的一段時間，我不敢想、也相信靠畫圖無法生活，但心中也存著小小的叛逆：有一天，我要用畫筆證明，我能畫，也不會因爲畫圖而活不下去。

「繪畫」一直陪在我身邊，陪著我走過人生曲折路，心情不好就在紙上塗鴉，讓我心情平靜。廿八歲時拜張克齊老師學畫，我更堅信我的藝術夢是可以實現，而且，我做到了！

瀚霖藝苑開幕了，約八十坪大空間，利用四周的牆壁做展場，用中間的空間當教室。開了畫廊，也告訴自己，以前是隨興繪畫，現在要教人繪畫、要推廣藝術，就要更加認眞。

我邀請大弟擔任藝苑總經理，也聘請書畫界老師、同好擔任教師，如侯曉眠、黃明祥、陳元山、蘇盟岳、高明德等在書畫界各有專精的老師，並採低收費教學推廣書畫美育。其中，教西畫水彩、素描的高明德老師，當時仍在文化大學美術系就讀。

高明德是新竹縣藝術家高其恒的公子，父子倆都愛藝術創作，高其恒更是新竹縣美術協會第七和第八屆理事長，行醫之餘愛鯉、養鯉也畫鯉；約十年後，我遷居新竹縣，後來還接任新竹縣美術協會第十三屆的理事長，發現人與人之間的緣分竟是如此巧妙。

我擔任瀚霖藝苑負責人，也教學生工筆畫和書法。現任台北市副市長、當時擔任三重市長的陳景竣，很支持藝文活動，也鼓勵我以瀚霖藝苑來推動文化藝術，認為藝術可以美化人生，變化人的氣質，進一步促成社會文明與祥和；我也不斷努力，來藝苑學畫的學生越來越多。

瀚霖藝苑邀名師開設西畫、國畫、素描等課程，提供多元需求。隔年，瀚霖藝苑由老師、藝文同好帶領學生舉辦書畫展，參展的有書畫名家，也有國小、國中學生，學生有機會和名書畫家同場展覽，對他們來說，是很大的鼓勵；我當時也展出一幅荷花和「心安觀畫如觀景，神寧賞字勝賞華」的書法對聯，師生繪畫聯展也吸引了很多人觀賞。

在創設瀚霖藝苑、開師生畫展的過程中，我不斷受到鼓勵，當時的行政院長連戰、台北縣議長陳萬富、名主持人田文仲都曾到瀚霖藝苑參訪，田文仲來訪時還曾高歌一曲，張克齊老師也到瀚霖藝苑揮毫，可以說是極一時之盛，也帶給我很大的鼓勵和信心。

立如依岸雪／工筆　100×48 cm　1991 年

這段時間，我也曾多次返回南投故鄉。有次，經過南投國姓鄉看見一處工地正在蓋房子，我看了喜歡就買了下來；後來，媽媽打算將這棟房子做隔間，分配給家中每位成員都有空間，希望以後弟弟們都能住進來，團團圓圓。

購屋、加蓋、做裝璜、隔間，當然要一筆費用。爸爸五十出頭就不工作了，媽媽變成了他的搖錢樹，家裡缺錢，爸爸就向媽媽要，媽媽只能向我求救……，這是解不開的循環，長期籠罩家中，讓整個家處在壓力鍋中。

通常，爲了讓媽媽免於遭受暴力，我投降了，咬著牙說：「我來承擔吧！」就是怕媽媽在家遭爸爸暴力相向。爸爸要錢的事，大弟也知道的，但也無奈說：「要就給他吧。」我在台北不只過生活，還要養南投的房子和一家子的人，只要媽媽開口，我都順從。當時，我未來的二弟媳張美珠也在瀚霖藝苑當會計。

「缺錢怎麼辦？」思考後，我再接下一份清潔工作，白天是瀚霖藝苑負責人，在藝苑內接受媒體訪問，暢談著如何推廣藝術、讓藝術走入民間，如何讓藝術提升生活，也談經營藝苑、舉辦畫展，如何在藝術與商業間求取分際。

但晚上一到或是假日，我，瀚霖藝苑的主持人，就捲起袖子、褲管，帶著未來弟媳張美珠一起當清潔工洗廁所。雖了解這樣的角色反差太大了，卻也是現實生活迫人的無奈，因爲要我重回經營酒店、餐廳已是不可能，也不願意了，我寧願選擇踏實工作、努力賺錢，也希望透過體力勞動，洩掉遠在南投的壓力鍋，滿足家人需求。

這段期間我也參加畫展，所幸作品漸漸受到重視，在藝術界受到肯定，有一席之地，也會賣出一些畫作，勉強喘口氣。但每月十幾萬元的缺口，要撐好幾個家庭的重擔，仍壓得我喘不過氣，加上個人感情上的問題，最後只好收掉畫廊，黯然離開生活和工作二十多年的台北。

13 無可奈何花落去，痛失三位至親

「無可奈何花落去，似曾相識燕歸來。」是北宋詞人晏殊在〈浣溪紗〉中的名句。宋詞如畫，經常是寫景擬人，借著抒情敘事將情感和人生懷想寫入景中。「無可奈何花落去」描述著暮春時節奼紫嫣紅的花朵，終有凋謝之時，有如人生謝幕，讓人遺憾感傷，卻又難以挽回。

「似曾相識燕歸來」則是傷春中的小驚喜，在他鄉不經意地遇見友人、親戚，或是在舊城的街角，在熙來攘往的人群中一段偶遇，擦身而過的場景似曾相識，好像夢中曾出現過的某一段場景，清晰又迷濛，勾起一段人生的回憶。我也不曾想到，這兩句詞句竟描繪著我和親人的緣分。

八十四年元旦凌晨，我從台北返回南投，在開車的路途中，接到台北二弟電話通知：「爸爸、媽媽在家中洗澡，一氧化碳中毒，往生了……。」接到訊息時錯愕、難過，心想怎麼可能，我才從台北要回南投國姓，離開台北二弟家時，一家人仍開心地有說有笑。

「瓦斯外洩夫妻共浴同斷魂！小狗嘔吐，兒子女友警覺撿回一命！」八十四年元旦當天，許多人仍沉浸在元旦連休假日中，安排著訪友、旅遊度假，然而報紙上的斗大標題，卻是記錄著我的雙親不幸身亡。當我接獲二弟通知趕往三重時，僅幾小時的時間就與爸媽天人永隔，讓人難以接受。

雙親在我離開三重市後一起洗澡，沒想到因門窗緊閉，熱水器燃燒不完全，遭無形殺手一氧化碳奪命。當時二弟和女友張美珠在客廳逗著小狗玩，看到小狗嘔吐，兩人也覺得頭暈，二弟女友張美珠進入廚房要查看浴室時，也在浴室門口旁昏倒。

二弟驚覺不對，趕緊打開門窗，但用力拍浴室門卻沒反應，最後用鐵鎚敲破浴室門窗，發現雙親已倒在浴室內，不省人事，報警送醫仍回天乏術。

我信仰佛教，也了解爸媽會有終老的一天，但一時之間仍難接受。尤其，我和媽媽的感情很好，一起走過許多辛苦的日子，沒想到我們母女竟是這樣的離別。

母女連心，回想這一過程，冥冥中仍有跡象，雖然無法逆序預知，但多少有所感應，離別爸媽時的一幕，一直縈繞腦海中。

※ ※ ※ ※ ※

八十四年元旦前夕，我從南投國姓帶著次女到台北三重市和雙親、二弟以及二弟的女友張美珠聚會，晚上要返回國姓鄉住處時，媽媽請二弟女友張美珠煮了一鍋的蓮子湯，說：「喝完蓮子湯再回去吧！」留我和次女多坐一會兒，並看著我們母女吃完蓮子湯。

蓮子是地球現存的古植物之一，蓮花也與佛教有著密不可分的關係。佛教中將蓮子視爲善良種子，而許多美好聖潔的事物，都以蓮花做比喻，例如佛座的蓮花台，念佛的人稱之爲「蓮胎」，彷如在母胎之中，那是一片淨土。

相傳大文學家金聖嘆，在清朝初年因文字獄坐監候斬，金聖嘆的兒子來探監時，帶來了蓮子湯、水梨等，金聖嘆吃完感慨，當場吟詩：「蓮（憐）子心中苦，梨（離）兒腹內酸。」留下迴響。當晚我揮別父母時，媽媽特地要我吃完蓮子湯再回國姓，回想起來有如暗示著媽媽懷胎恩情，臨別憐子之意……。

在他們往生後的第十四天，半夜睡夢中，聽到有人在敲我房間的窗戶，我想不可能是人，因爲我房間在二樓啊！但又不停的敲，把小女兒吵醒了，我安撫了她，叫她不要怕，我去看看是什麼，打開窗戶只見到兩隻燕子飛進來啁啾低鳴，女兒更害怕的哭叫著。

我趕緊找到一個紙箱，徒手抓住兩隻燕子，心想這時仍是隆冬嚴寒天氣，燕子應該是南遷避寒了，怎麼會有燕子？我用書壓著箱子留一小洞給燕子呼吸，怕燕子亂飛

思念／1997 年

以象徵父母的雙燕及母親喜愛的粉紅海棠花，創作出追懷親恩、憶念雙親的作品。

驚嚇到女兒，並安撫女兒不要哭、不要怕，告訴她：「那是阿公、阿媽的化身回來看我們。」隔天一早起來與女兒把燕子放飛了。

爸媽很喜歡小孫女。追懷親恩，我想到爸媽往生後，一對燕子闖入家中，有如前來和我與次女道別。我的一幅以「思念」爲題的作品，畫著兩隻燕子和媽媽生前喜愛的粉紅海棠花，正是回憶雙燕半夜來訪、追思父母意外往生的創作。

※ ※ ※ ※ ※

我一生最痛恨賭博，「久賭神仙輸」是大家已耳熟能詳的名言，這句話是說，在賭博中，幾乎沒有贏家，就算是神仙也難免。十賭九輸，輸掉了不只是金錢、時間，還賠上家庭、親友，甚至整個人生，是個無底洞，賠掉了周遭的人啊！

但很不幸的是，我一生之中，竟連續遭遇賭博之害。南投埔里的童年歲月，是我最美好的記憶；不過，記憶中，劉家大宅院男男女女白天在田間努力做著農事，過著淳樸且簡單的生活，但夜晚山區有如換成另一世界，大夥沒事就圍聚賭博。賭博不但浪費時間，也難免因賭博引來嫌隙，甚至仇恨。

我兩度婚姻，沒想到前夫就是個賭徒，經常在外徹夜賭博，後來又迷上大家樂、六合彩簽賭，棄家不顧，我開餐廳、酒店努力賺錢，也經常到處幫前夫還賭債，為前夫收拾一個個爛攤子。後來，也安排前夫在我的酒店上班。

賭博毀了我的童年和婚姻，也毀了我的家庭和親人。母親一生省吃儉用，生活過得十分清苦，省下錢給子女。在民國八十四年元旦前，媽媽跟我要了五萬元，好讓三弟還賭債；沒想到雙親洗澡時因一氧化碳中毒死亡，那時他們都還不到六十歲，卻因此枉送性命。賭博害人，付出的代價太大了！所以我教畫、推展藝術，且一有機會就勸人不要賭。

※ ※ ※ ※ ※

八十四年的元旦，讓我一生難忘；而民國八十三年間，我還失去了一位至親，那是我的二伯父，也是我的養父。

我從小生長在南投埔里小鎮的劉家大院，因父親入贅，我跟著姓劉。在我廿八歲時，爲了想回復本姓「謝」，因而照顧在台中新社的二伯父，讓二伯父收養，並辦理回復本姓。

二伯父話不多，拙於言詞表達，遇到我，也僅用簡單的問安，透露出對後輩的關心。他一人孤單地住在山上，利用山坡地種檳榔，我讀國中夜校時，白天工作，在台北雖然忙碌，仍經常上山探視。但八十三年年中，二伯父因病往生；到年底，我又遭逢雙親意外身亡，半年內竟送走三位至親。

我懷念媽媽，她是傳統遵從三從四德的慈母，人生最終一程也跟著丈夫一起往生，媽媽很偉大，生前遺願就是捐器官救人，我們遵照她生前遺願，將她的眼角膜捐給台大醫院，幫助一個人能重見光明。

不到半年，我送走三位至親，讓我極度悲傷，曾用筆沾著自己的血繪畫地藏王菩薩悼念雙親，這幅畫後來敬贈於南投埔里鎮老家附近的「人乘寺地藏院」收藏，三位至親的骨灰也安置在此。

14

走出心牢，大慈原從大悲來

「秀英，對不起，那時候對妳做了很多不好的事……。」卅一歲時某夜，在一次家庭聚餐後，我正低著頭洗碗，爸爸突然進入廚房道歉，說出在我幼時家暴甚至侵害我，還和別人談了價錢，要把我賣入寶斗里……。一時之間讓我不知所措，不知道該怎麼回答，只輕輕地「嗯！」的一聲回應。

很複雜的情緒。這一刻，混雜著仇恨、悲傷、憤怒、委屈、無奈、寬恕……，和我從小到大十八年來的點滴畫面，很快地在腦中重現，但又翻攪在一起，腦中一團紊亂，也一片空白，眼淚不自覺地流淌。什麼時候洗好碗、獨自走出廚房，裝成若無其事地與家人繼續談笑的？後來怎麼了？我已記不得了。

我也曾想過，當這一刻來臨時該怎麼辦？像電影情節一般，難過地衝出屋外、用力甩門，「碰！」地一聲表達自己的憤怒和委屈？甩他巴掌、吐他口水洩憤？也想過這種場面根本不會出現，爸爸是家中的皇帝，不可能道歉的，一切當做不曾發生；但我也害怕眞有這麼一天來到……。千百種想法在心中，預想它會出現，也希望它別出現，我很不願意面對。

但爸爸還是說出了。幼時種種像是隻躲在暗處的毒蛇，無聲息的靠過來、狠狠咬上一口，讓人不知所措。

媽媽說，這些都是「業」。業，就是功課、課業，是上輩子欠下的，要在這輩子還，一定要去完成，像做完學校老師交待的功課一般，一切都是命啊！媽媽也是抱著這一想法，儘管當時在法庭上，法官請媽媽考量離婚，且願意協助她，媽媽還是選擇逆來順受，而我爲了媽媽，再多的苦都願意承受！

我也告訴自己：「天下沒有不是的父母」就接受吧！也曾從字意中找尋，中國字中「恨」拆開了，就是「心」和「艮」兩字，艮是座大山，是個邊界，恨到了最邊界就到了極限，也就是心如止水，我就死了這個心，當做沒這個人、沒發生這些事吧。

但對我來說，幼時到少女的種種，確實是極大的傷害，十八年來的經歷，一直都是我揮之不去的惡夢，讓我自卑、厭惡自己的身體，「我是不潔的、我很骯髒……」每次洗澡時，用鋼刷刷手臂，直到破皮流血，在人群中沒有自信，走不出去，對異性抱持懷疑甚至敵意，也自我保護，有時甚至拒絕旁人的善意。

「爸爸，你不知道犯個錯誤，會讓女兒揹負多重！」也不只一次，我想告訴爸爸「你錯了！」想告訴許多擔任一家之長的人，你的行爲舉止責任重大，一個錯誤的行爲，只爲滿足個人不良的嗜好，但往往讓其他家庭成員承擔慘痛的代價，甚至相互折磨。但在家人相處時，我衝動想說出口的話，往往又吞了下去。

我也想過，爸爸當年和媽媽從南投埔里山裡到台北大都會生活很苦，爸爸在工地打雜、當貨車司機、計程車司機，一定也遭遇很多的苦，回家就找妻子、女兒發洩委

童子拜觀音／工筆　46×69 cm　1995 年

「憶母可曾把兒喚，何時能回母膝下？」以畫寄託思念母親之情。

屈，或許，生活迫人才有賣女改善家庭的想法吧。這十八年來，爸爸也坐過牢，經過這麼多年，要說出道歉，要有很大勇氣，想必這一愧疚壓在他心中也不好受吧。

如果當時日子苦，一家人能相扶持，「一枝草，一點露。」在大台北討生活雖然不容易，但以田庄人勤奮工作的精神，還是有辦法活下去，苦日子還是可以熬過來的啊！

※ ※ ※ ※ ※

「繪畫可以治療！」十八年來，除了投入工作麻醉自己，我也透過繪畫、看佛書，在繪畫中獲得心靈平靜，在宗教信仰中求得平復。

搬到新竹定居後，爲了打破心中疑慮，我也選擇到新竹玄奘大學進修應用心理系，想了解生命中多處轉折的原因，盼解開心中死結；也曾找過心理醫師，不過，每當談起童年和少女時種種遭遇，仍不自覺全身顫抖，傷心痛哭。

在接觸佛教後，也閱讀了露易絲．賀（Louise L. Hay）的著作《創造生命的奇蹟》（方智出版，二〇一二年），驚訝於露易絲．賀竟與我有許多的相似處，都是幼時遭遇長輩家暴、性侵，童年到少女時期一直在失落、恐懼、羞恥、自卑、沒信心中度過。

露易絲．賀後來離開家庭，進入大學修習，也接觸了佛教、信仰佛理，人生和思維轉入正向、積極、陽光，後來擔任醫師，以自己的人生經歷不斷鼓勵周遭的人們和患者建立自信、寬恕，放掉貪、瞋、痴，把自己從心牢中釋放出來。「我要向她學習」——我在心中不斷告訴自己。

「怎麼走出心牢？」我蒐集訊息不斷學習，看到前南非總統曼德拉歷經廿七年的囚禁，但出獄時沒有恨凌虐他的人，反而選擇了寬恕，他是怎麼做到的？在牢房的歲月，給了他時間和磨練，讓他學會了如何處理所遭遇的痛苦，而感恩和寬容就是源自痛苦與磨難，那必須以極大的毅力來訓練。

曼德拉出獄的那天說：「當我走出囚室、邁過通往自由的監獄大門時，我已經清楚，自己若不能把悲傷與怨恨留在身後，那麼我其實還囚禁在監獄中。」這讓我有深刻的體悟。

※ ※ ※ ※ ※

有次，在友人蔡銀杏的陪伴下，我靜思沉澱心靈。爸媽及二伯父先後往生，回想我經歷的人生過程，不覺悲從中來，乾脆順著情緒大哭。那一天，哭得很徹底，哭到聲嘶力竭，但哭後全身痛快！經歷這次痛哭，我終於拋開一切，放下那顆壓在心中的大石頭，選擇了原諒，原諒他們，也原諒了自己。

「是的，我不能活在自怨自艾的日子裡。」思考十八年來歷經一連串的磨難，也曾幾度尋死，甚至後來還重病、罹癌，但我一生中也屢逢奇遇，在幽暗生命的狹窄道路中獲救，在轉折處重見天光。

我選擇以繪畫入世，並投身公益、做文化義工，拜陳桂華老師爲師。陳老師與師丈都在桃園新屋的台灣國際兒童村服務，在那裡，也有和我一樣在童年遭遇家暴等不幸、需要關切扶助的孩子，讓我彷彿看到以前的我。每次上課，我提供關心探視及捐款，雖然也常淚流滿面哭著回家，從心底吶喊：「奉勸天下一家之長啊，眞的要善待家中每個成員！」

「老天留下我們，一定是要我做什麼！」走出心牢後，我對人生抱持這一想法，不但揮別悲情，還要帶給周遭人群快樂，帶來正向思考和能量，希望盡一己之力，對周遭人、事、物做一些改變，能做多少、算多少。

【第 3 疊】

半生殘手繪丹青。從「命運」到「運命」！

15 在鄉間教書畫，帶來正向改變

揮別台北，回到南投故鄉，我持續開畫苑教畫，免費教導民眾書畫，將藝術推向民間，思考如何透過繪畫、藝術帶給大眾正向的改變力量。但在四面環山、全鄉幾乎都是農民的國姓鄉，要做到透過繪畫、藝術帶來一些改變，眞的有困難。

不過，我還是做了。因爲，我看到國姓是淳樸的農村，卻也有不好的氣息，就是迷賭博、簽賭六合彩，還有就是飲酒。有人白天勤奮工作，夜晚卻成了酒鬼，經常醉倒街頭，或在酒後鬧事、打架，回家就打罵家人，酒後完全變了另一個人。或許一般人已習以爲常，但我成長歷經不愉快的經驗，告訴我生活不應該是這樣，家庭不應該被賭博、酗酒破壞。

我經常思考，或許在山中做農事很沉悶，日出而作、日落而息，單純卻一成不變，國姓鄉中也沒有太多的娛樂，所以不少農民迷上賭博。而我最痛恨賭博，了解迷戀賭博最後總落得傾家蕩產，真的不是件好事，難道不能夠用其他方式提升生活嗎？

我當時看到的是，有的農民辛苦大半輩子，忽然一夕之間賭輸了，賣田賣地來還賭債，農民失去土地，只有搬家離開國姓鄉；也有鄰居待人客氣、彬彬有禮，但幾天不見人影，知道時已是舉家遷移，過了一段時間，老鄰居才打聽出原來他是賭輸，躲債去了。這些都讓我聽得很難過，所以在教畫之餘，我希望能幫助鄉民在生活中增添調劑，設想一些事給他們做。

先前我在台中市文化局開個展，有些畫被收藏，仍有些積蓄，所以在國姓鄉除了免費教書畫推廣美育，我還決定拿出這些積蓄來供農友學習，以每小時六千到八千元不等的酬勞，從台中聘請園藝造型專家到國姓鄉教盆景造型藝術，邀農友來學習。報名先繳交八百元，但完成全程學習且不缺課，就退一千元，等於農友有兩百元可賺。

辦法公布後，吸引許多人來學習。

我這麼做，是希望改變他們的想法，也會在農友學繪畫課和盆景造型時，勸農友減少飲酒、不要沉迷賭博，飲酒和賭博百害無益，也不是調劑生活的唯一辦法，教他們藝術能改變生活、提升性情，學習在藝術中找到興趣。

「國姓鄉的盆景就是不一樣！」、「國姓鄉的盆景，可賣到好價錢。」我教農民繪畫，找專家指導農民將藝術帶入盆景，為盆景做造型。很快的，農民發現載著盆景外出兜售，可賣得好價錢，甚至是先前的好幾倍價錢，紛紛宣傳：「到謝老師那裡學過盆景造型藝術，和其他的盆景一比，就是不一樣！」

消息在鄉間傳開，農友也能感受到藝術並不是那麼的虛無，這一領域並不是藝術家的專利，也不是種田人高不可及的地方，學書畫和盆景造型，可以轉換成「觸摸得到的價值」，於是學書畫、學盆景的人增多了，也有人感謝我推廣藝術，告訴我：「妳在畫苑做了努力，真的看得見國姓鄉有在轉變。」

感謝當時和我一起推廣這個有意義活動的夥伴：陳順貴老師、大弟謝學廣等等大德，謝謝你們幫忙讓我能如願。

不過，當時我經濟壓力仍大，積蓄原本就不多，邀專家開設盆景藝術課程後沒多久就已捉襟見肘，我曾經窮到沒有隔夜的飯錢，只好硬著頭皮、帶著幾十幅的畫到台中拜訪群展藝廊負責人林株楠，請他協助。我和林株楠素未謀面，但林株楠人很好，答應幫我賣畫，也賣得一筆資金，讓我生活有餘資，持續推廣著書畫以及邀專家教盆景藝術。

推廣美術，我也帶著學生們在南投縣文化中心、國姓鄉圖書館舉辦了我們的師生畫展，和當地藝文界互動，讓學生和外界有更多接觸碰撞的機會。

有一次，國姓鄉為加強對外行銷，鄉公所、圖書館張貼公告徵選鄉徽，提供糯米橋、稻米、養鹿、山水美景等十六項元素供競賽者參考。我抱持「為家鄉做點事」的想法參加了徵圖。

瀚霖藝術協會　謝秀英 製

標誌

標誌意義

糯米橋代表古蹟具歷史文化之意。

畜牧業的代表(又鹿代表長壽健康之意)

精緻農業(欣欣向榮之意)

山明水秀兼具歷史文化是國姓鄉的總代表(山川秀麗)

左轉北港溪　，右邊南港溪

我設計的國姓鄉鄉徽。很感恩有機會以畫畫專長為家鄉做點事。

國姓鄉風景秀麗，南港溪、北港溪在鄉內匯流成烏溪，溪水清澈、生態環境豐富；跨北港溪的糯米石拱橋則建於日據時代，造型優美，是鄉境地標，歷經多次颱風、水患仍屹立不搖，村民和外地遊客談起國姓鄉，印象最深的就是糯米橋。

當時鄉公所正推廣精緻農業，國姓鄉好山好水孕育出好稻米，加上新興的養鹿業，生產的鹿茸聞名全台，成爲國姓鄉特產，而鹿也有著長壽、幸福的意涵，是很好的設計亮點。我將這些元素納入設計，徽圖結果出爐，鄉公所以二十人組評審團，我獲得十一票逾半數，以第一名通過評審。

評審委員給予肯定，認爲我設計的鄉徽，表達出國姓鄉的農產豐富，有著精緻農業與水鹿養殖的意象，農村欣欣向榮，好山好水孕育了大地豐饒物產，展現蓬勃生機，彰顯了國姓鄉秀麗的山川景色；國姓鄉的糯米橋在民國八十三年八月間，獲內政部公告爲三級古蹟，是鄉內唯一古蹟。

國姓鄉的百年產業「水鹿養殖」，在農民經歷百餘年的努力下，名聞全國，國姓水鹿達四千三百多頭，占全國的七成。如今每年鹿茸採收期間，南投縣和國姓鄉會舉辦大型活動，結合南投無敵美景，地方的好山好水和農特產品，吸引大批遊客來觀光消費。

如今這幅國姓鄉徽出現在鄉公所網頁，和各項宣導觀光景點的摺頁上，凡努力過必留痕跡，我也很感謝有這一機會，讓我能以繪畫爲家鄉做了一些事。

近年來，各地都在談農村再生、社區營造，透過規劃師找出社區的亮點，或從綠美化著手，進而塑造社區的入口意象，也做出代表地方特色的地景藝術、文創商品。這些在當時，雖無法明確地指出如何透過藝術帶來正向力量，帶來社區改變的力量，但時間能證明，藝術確有提升生活帶來改變的力量。

16

教學相長，推廣藝術結善緣

「老師，我想學畫。」在南投國姓鄉守候著一段感情，等候遠方歸人時，有一天，廿五歲的徐育瑜女士來按門鈴，她背上揹著小孩，神情誠懇，說她想學畫，一直在推廣美育的我，當然很開心有人要來學畫，也答應教她繪畫。

每次，她來上課時，揹著才剛滿一歲多的小男孩，機車前面有時侯會多載一位差不多三歲的小女生，從山區大老遠騎機車來上課。

上課時聊天，漸漸地了解這位學生。她原是個住在都市的女孩，爲了愛情的美夢，結婚搬到國姓鄉山區，到山區住處須騎車半個多小時，她已育有兩女一男。她學習認眞，神情專注，並沒有因操持家務而放棄上進的機會。

我問她來學畫的動機，她說，想在念空中大學的暑假空檔時，學一個才藝。沒想到這份因緣，開啓了我和她超越了廿五年的師生情誼。她的先生常因工作關係遠離住家，山區的房子住著她和三個小孩，以及一對公婆與高齡八十一歲的祖母。

很難想像當時在那個還要燒材煮洗澡水的山區，廿五歲的女孩帶著三個小孩，還要照顧著公婆和一位老祖母，她依循著傳統的禮教，甘之如飴。一家大小事已夠累人，但她辛苦之餘還不放棄學習，令人敬佩。

有一天，她臉上有了瘀青，原因是先生因外遇而對她拳腳相向。不過，即使她在身心靈受創下，她還是守著這個家。

她告訴我，讓她勇敢面對逆境的最主要原因是在繪畫的過程中，她把負面的情緒轉換成正面的能量。這看起來簡單的幾個字，走起來多麼辛苦啊！

她來上課，原本遭到夫家反對，那種傳統要求女人結婚後，就要守著夫家、不願女人再上進的保守思想，在山區社會仍是主流。或許是她內心存在的執著，不斷學

梅／寫意　35×45 cm　2016 年

習，不斷進步，民國八十六年她在南投縣文化局的工筆畫個展後，也改變了她先生對她的看法。

面對先生的外遇，她仍堅持守著這個家。每天把以淚洗面的委屈擦乾，換上亮麗的衣服，注重整齊清新的裝扮，帶著愉快的心情學習，不但是外表的改變，也是內在的提升，沒哀怨愁容，看不出委屈，讓接觸她的人眼睛爲之一亮。

三年後，她外遇的先生回心轉意了，但是這種美景卻維持只有半年，因爲醫生檢查到她先生得到了癌症，在進出醫院陪伴的歲月，對她的人生又是一番考驗！

八十八年時，她先生因癌症過世了；同年九二一大地震，山區的三合院倒了，陪伴她的是婆婆和幼小的三個兒女。

家庭經濟重擔落在她身上。因此，她除了在公司做文書工作，假日還跑外燴，跟著廚師到各地打工，洗碗端菜和整理宴席後的環境。她說，這時能得到欣慰的就是看見她兒女的成長。

十年過後，一個機緣，她隻身前往澳洲念語言學校，一年半後回來，因老天的眷顧，讓她考取了國立台灣藝術大學的書畫藝術系，如今以優異的成績學成畢業，活出精彩的人生。

爲了婆婆的失智症，就讀台灣藝術大學期間，她曾休學兩年，將家中安頓及婆婆安排好，還熱衷地投入義工、教畫畫。她告訴我，繪畫讓她的生命有了希望，得到成就感，並且可以治療心裡的傷痛，這是用藥物達不到的效果。用正面的態度面對事務，凡事感恩，正是我們應該努力的。

在我們的身邊，也有很多的人，訴說著類似的故事。我認識的她，是個永遠對生命充滿熱忱、積極上進的女子，她目前仍持續著繪畫，也傳授及分享這份可以讓人喜悅的技能。

古人說，教學相長，從她身上讓我看到許多，也學習到許多，人生眞是充滿著考驗啊，期待眞愛的背後，或許迎來的是背叛，但這時更能體會眞誠是多麼的可貴！我們以眞誠待人，也眞誠地面對人生，處在不確定的未來時，堅持更顯得難得。堅定了方向，用正面的心態將「命運」轉成「運命」。

她在艱困的環境中堅持學畫，堅守著家庭、追求信念。人可以成爲描繪自我人生的畫家，每個人都可以的，只要不放棄自己，就能創造自己，就能決定自己的人生！

國姓鄉山水美，人情也美。在國姓鄉期間，我帶著小女兒生活，但因長時間吃素，卻又不得法，出現了腎結石；也因情緒上的困擾，心中長期的鬱結未解開，出現憂鬱症。我因身心病痛，長期服用百憂解，讓我精神無法集中，甚至出車禍、走路常跌倒，還在教畫過程突然昏倒、送醫吊點滴，住院療養了一星期……，造成我生活上很多的困擾。後來回想起小時候，只要心情不好就畫畫，畫完了情緒也好很多，所以我開始拿起畫筆，用繪畫走出自己的人生。

⁂ ⁂ ⁂ ⁂ ⁂

小時候，只要心情不好就畫畫，畫完了情緒也好很多，我教畫也拿起畫筆，用繪畫譜寫自己的人生。我借用書、畫的美育和寓意給自己心靈一份轉化的安撫與力量，以創作爲主，或理性、或感性，或宣洩，或感傷、或勵志、或深情，能讓心靈深處的情緒壓力找到一個正向的出口，達到身、心、靈的精神統一、安定、寧靜，而更能領悟人生之道。

國姓鄉缺乏大醫院，更沒有精神科方面的醫師，但國姓鄉衛生所主任人很好，常幫我到台中拿抗憂鬱的藥，協助控制病情；在國姓鄉，大家會相互幫忙，有著很好的人情。回顧在國姓鄉的日子，確實是一段令人難忘的美好回憶。後來因搬遷新竹，我在國姓鄉的房子也毀於九二一大地震而揮別故鄉。

在國姓鄉，我雖然受著憂鬱症上的困擾，但透過繪畫、教學和推動藝術，也不斷地和外界互動；有人質疑我積蓄不多，又帶著次女生活，爲什麼要貼錢做傻事？教農友學園藝，不自量力，以一己之力推廣藝術？但我知道這麼做，獲益最大的還是自己——沒有這些人，沒有推廣藝術的這股傻勁，我可能會封閉自己，走不出去。

我懷念在國姓鄉的一切，感恩這裡有最棒的山水人情，有淳樸的農村和熱心腸的藝文朋友，有許多讓我學習的方向，賜給我許多美好的回憶；我愛你們，想念你們。

17 文殊菩薩智慧劍，難斷血脈親情

媽媽曾說過一段往事。她在懷我的時候，在埔里鄉下做著農事，早期農村供水是採分配制的，農友必須「巡田水」，也就是在分配供水時段看灌溉水來了沒，水灌滿了要關下閘門，讓灌溉水供應下游農田。

有天凌晨約三、四點時，媽媽爲了巡農田供水，一個人在田間小徑走著，僅月光相陪，抬頭忽然看到半空中一支閃閃發光的劍從後方追來，她嚇得一直跑、一直跑。稻田的盡頭是一條約兩公尺寬的水圳，也不知哪來的勇氣，顧不得還懷著孩子，竟一躍而過這條水圳，回頭才沒看到這支劍。

我有著佛緣。後來和人談起這件事，有人告訴我，這支天上飛來的劍，應該是文殊菩薩的智慧之劍，賜給我許多繪畫上的天份；但智慧之劍也暗示著，要我遇事時有所決斷、要有割捨。不過，回顧我的一生，最難割捨的還是家庭、親情，畢竟這與我身軀血脈緊密相連啊！

唐人小說中也有這一故事。杜子春曾巧遇老神仙鐵冠子，杜子春想學仙道，鐵冠子帶他著到崑崙山斷情崖，抛下考驗，要杜子春等候他入山請示西王母娘娘，叮嚀他等候期間，不管遭遇什麼都不能開口。

等候期間，杜子春遭遇山神、猛虎、妖女、雷電風雨等威脅或誘惑，都不爲所動，但最後看見母親正被牛馬將軍拖著要下地獄，杜子春忍不大叫一聲「母親！」之後，眼前所有情景消失，一切歸零，他終究無緣成仙成道。

這樣的故事既溫馨又殘忍，千古以來卻在傳說和人間不斷出現，直指著親情和智慧間的衝突，有著難以兩全的割捨，親情是否可以用智慧之劍斬斷？似乎是亙古無解的問題。曾有人問我：「妳經歷這麼多艱苦，爲什麼不選擇逃開？爲什麼離不開？」

我的想法是，親情畢竟是親情，割不斷也劃不開，倒是拿起畫筆沉浸於繪畫時，可以忘卻煩惱、了卻無明，繪畫成了我暫時切割一切、拋開一切，獲得寧靜的智慧之劍；我也常向學生說：「繪畫就是我的生命，就是我的情人。」

「老師，妳的畫，爲什麼都是花、鳥、佛像，很少畫人物？」學生的話提醒了我，我檢視畫作，也發現很少畫人，筆下大都是花、鳥、山水、動物。讀小學時，爲同學畫歌仔戲人物，小生、花旦、儒生、武將，看過就能記住，拿起筆就能將腦中浮現的身影、表情，透過畫筆在紙上呈現，對我來說，畫人物並不是難事。

但國小畢業後，我確實很少再畫人像。回想這段期間，我經歷了許多事，覺得「人」太醜陋了，也被「人」傷害過，不想記憶人的表情、身影，也不願在筆下呈現。我的畫中很少有「人」，反而常畫佛，畫觀音、菩薩，在畫佛過程中體悟心靈的澄淨祥和。

⁂ ⁂ ⁂ ⁂ ⁂

一〇五年新竹縣慶祝母親節時，邱鏡淳縣長邀請我作畫，做為表揚新竹縣和各鄉鎮市模範母親的祝賀牌匾。適逢猴年，我畫了「金猴獻壽」的圖（猴有長壽之意，在天干地支中為申猴、五行屬金，故稱金猴），取材台灣獼猴懷抱著小猴，背景是長青的松樹，表現母愛及祝福長青延壽。畫作在當時獲得許多家庭喜愛，而我感念媽媽，就把這筆潤筆金全數捐給社會局做公益。

畫金猴，讓我想起明朝宋濂撰寫的金絲猴的故事。傳說中，早期獵人為了捕捉小金絲猴，會先用毒箭射殺母猴，母猴在知道中毒、生命走到盡頭了，會在林間灑乳，灑完氣絕而死，接著獵人就會取下母猴的皮，對著小猴鞭打，小猴以往每晚要躺在媽媽懷中，聞著媽媽的氣味才能安睡，如今只有乖乖受縛。

我從小就是個聽話的孩子，媽媽說什麼，我就會設法努力達成，包括安排我的婚姻，安排了我大半的人生，儘管不如意，但我是如此離不開媽媽，割捨不開我的家人，為了媽媽、為了弟弟妹妹能過更好的生活而做了犧牲。

※ ※ ※ ※ ※

「獨憐幽草澗邊生」是唐代詩人韋應物描繪山間溪水湍急，小草在溪澗中有限且惡劣的環境下，不但存活下來，還活出了生命力，展現它堅毅的生命能量。

我在諸多幅繪畫作品中，偏愛我畫的一幅彌勒圖，彌勒佛笑口常開，其實畫作焦點更在於左下角的一株小草。

這幅畫是有一次我到杭州靈隱寺旅遊，石洞外壁雕彌勒佛，我看見岩石縫裡、黑暗中長出一株小草，思量小草生長過程中受到的日照有限，受到土地的滋養也有限，在那樣艱苦的環境下，仍活出自信，活出了生命力。剎那間，我被岩縫長出的小草感動，也想起自身經歷，不也是石縫中天生天養的小草嗎？

我信仰佛教，也認知透過藝術可以做些改變，甚至產生強大的力量。小草天生天養，草木如破繭般的出土，是以內在蓄積的能量推開困境，這也是大自然界中最大的

彌勒佛／膠彩　53×45 cm　2004 年

不僅要學彌勒佛笑對人生，更要如生長於岩縫中的小草般活出自信與生命力！

力量；易經屯卦也是指種子蓄積能量，待春雷驚蟄破土而出，這一過程雖然會經歷許多痛苦，但也要像笑口常開的彌勒佛，要以微笑面對人生，帶給周遭有緣的朋友正能量啊！

我畫彌勒佛，因彌勒佛笑口常開，又被稱爲笑佛。豁達灑脫、不拘一格、瀟灑自在，諸事皆付談笑中，與世無爭，淡泊名利，以樂觀之心行走人間，諸事不介懷，傳達著寬容慈悲的心境；彌勒佛寬廣的胸襟，能容天下難容之事。至於「慈」是帶給眾生快樂，「悲」則爲眾生解除痛苦。

做爲未來佛，彌勒對世間諸事了然於心，形象親切平淡，抱持寬容慈悲，笑看世事，也顯露著對未來蘊含著美好的期待。

我也喜歡畫觀世音菩薩，創作過程中體悟——「觀」察天下多變易，「世」間百態多煩惱，「音」聲相和多無常，若要自在免憂愁，斷除煩惱當有法，可以「停」下腳步莫強求，「看」破放下莫執著，「聽」聞前鑑且琢磨，一切時中自輪轉，用此道自了得啊！

我熱愛繪畫，從小沒玩伴，拿著紅磚、樹枝就能隨手塗鴉，歷經波折，繪畫生命卻在一點一滴中改變。接觸佛學與佛畫後，人與畫之間更有著互動感應。有一次，接到台北某先生要求畫幅佛像，對方是友人介紹，我們素未謀面，僅透過電話連繫，等畫完交畫時，一開門，竟發現佛的面像竟和對方十分神似。

我畫「童子拜觀音」寄託思念母親，也記錄「離鄉背井心頭愁，心頭愁時更憶母，憶母可曾把兒喚，何時能回母膝下？信佛禮佛學佛路，盼能早日懂歸路。」還有一次，心情低落，畫完後，見畫中佛像也神情低落，整個畫像呈現蒼老虛弱，只好向著畫像賠罪：「對不起，把您畫老了。」

我認爲，透過書畫可沉澱心靈，用書畫美化這個世界，以書畫來滋長塵世藝緣，藉書畫來安慰人的心靈，憑書畫來累積一世香氣，倚書畫來豐富生命果實，一直是我的信念。

18 母子同校雙獲獎，完成愛子遺願讀大學

離開國姓鄉到新竹縣竹北市落腳後，又是一個新的開始，人生地不熟，一切得從頭來過。當時竹北尚未充分發展，剛從農村要過渡到都市，我帶著小女兒生活，安排小女兒轉入竹北的竹仁國小二年級就讀，但工作不好找，萬事起頭難啊。

新竹曾是台灣玻璃業重鎮，搬到竹北後，我曾到外銷玻璃廠打工彩繪飾品，接家庭手工；我禮佛也畫佛，在佛畫圈中小有名氣，也獲得機會爲寺廟彩繪、畫佛像，在逐漸穩定後，開班教畫。

我兒子原本住在前夫的爸媽家，但前夫嗜賭愛玩，前公婆往生前不放心孫子跟著他兒子住，所以我的兒子後來也來新竹竹北跟著我同住，並進入竹北義民高中日間部

廣告設計科就讀。

當生活狀況較穩定後，我在卅九歲時進入義民高中夜校進修，也和兒子一樣就讀廣告設計科，他先入學讀日校，我後入學，反成了兒子的學妹。

距離上一次進國中夜校讀書，到這次進高中夜校就讀，又隔了十年，我再次入學，是心中不斷求知和年幼失學的渴望，另外也是受到兒子的鼓勵，讓我很珍惜這次的機會，功課維持在班上前五名。

兒子多才多藝，曾獲得反毒海報設計比賽第一名。在我進入夜校後，有一次，母子倆同時參加八十九年新竹春暉社舉辦的「反毒海報」設計比賽，我獲得第一，兒子獲得第二名，寫下義民高中日夜校都獲獎、母子倆同台接受頒獎表揚的校園趣事。

孩子是媽媽的心頭肉，世間太多描述母子心連心的故事，在現實生活中，我也感受到兒子的貼心孝順。但他在人世間僅廿一年，英年早逝，兒子伴我廿一年，聚少離多，甚至他戲劇式地離開人間，喪子之痛痛徹心扉，讓人難以接受，難以忘懷。

兒子很優秀，思慮細密也很敏感，與學校女同學交往，但也做了個眞人與網路虛擬的實驗。在和女同學交往時，他透過網路化名與這名女同學談理想、談抱負，後來逐漸發現，女同學竟然愛上網路中那個虛擬的「他」，讓兒子陷入迷惘，不解爲什麼眞實的「我」，竟不如自己虛擬出來的角色？

「我會給妳一個答案。」兒子廿一歲時，見女同學陷入苦惱，抛出會給個答案，然而猶疑徬徨之下，最後仍是不忍道破網路虛擬的「他」就是「現實的我」，單純思考以結束自己的生命，成全女同學的選擇。

在愛情場域中，信任是實境，儘管信任也可能帶給自己受傷，但用測驗、考驗、窺探，來測試感情的忠誠，反而是虛擬，那會造成更大的傷害啊！兒子給了答案，女同學在知曉答案後也傷心難過。

我了解過程後，原本也難以接受，但這畢竟是兒子的選擇，我沒有怨天怨地，也沒有怪罪任何人，也安慰兒子的同學、朋友。所有的傷心難過，只有自己承擔，爲兒子辦了一場喪禮，讓兒子安心到佛國。

辦完喪禮後，大女兒、小女兒陪我去台中散心，回程高速公路上，我想爲兒子畫一幅畫，與大女兒要兒子身分證的照片要畫兒子。這事情只有我們母女三人知道。

有一天，接到兒子高中同學來電：「謝阿姨，不要用身分證上那張照片喔！」我知道那是因爲兒子愛漂亮，他不想用身分證上的那張照片來畫他。

接到這通電話，我與兒子的高中同學並不熟識，對方說，「同學每天託夢交待，因而向班導師要了謝媽媽的電話，打這通電話轉告『他要畫全身的、有穿西裝的。』」我愣了一下，說要畫兒子之事只有我們母女三人知道，而爲什麼兒子不直接託夢給我或是姐姐和妹妹呢？

我向兩位女兒談及此事的經過，但找遍了所有兒子的生活照，都沒有穿西裝的照片。又過了幾天，兒子的學妹因她媽媽心情低落，打電話給我，我和我妹妹去她家安撫她媽媽，等兒子學妹的媽媽情緒好些了，便與她分享喪子之痛，告訴她：「我能理解妳心裡的痛。」兩人抱著哭。因爲，她也是因二女兒不幸溺水意外往生而傷心。

我也跟兒子的學妹說，兒子託夢同學要我畫穿西裝之事，但翻遍家中，沒有他穿西裝的照片，看來只好憑空想像了。兒子學妹竟說她有一張我兒子穿西裝的照片，是義民高中的西裝校服，她拿了給我，我非常感恩並認她爲乾女兒。

一連串不可思議的過程，讓我用膠彩完成一幅兒子穿著西裝，帥氣優雅，在六字眞言的梵音圍繞中，腳踏九品蓮花，受觀世音菩薩指引回到極樂世界淨土的畫作，畫面呈現平靜祥和；但這幅畫作也可說是我人生最難過時的呈現，卻也祝福他由觀世音菩薩帶走了，很安祥的走了。

另一幅全家福的畫作中，我和大女兒、小女兒並坐，兒子在我們背後半躺側坐，穿著襯衫、牛仔褲悠閒地看著我們、陪著我們。我很少畫人像畫，這幅全家福畫作呈現著家人相聚時的和樂甜蜜，僅管家中成員平日各有生活，畫作讓一家人團聚，感覺上兒子也始終陪伴，並未離開這個家，有著思念就有著溫暖。

為已故兒子造像／膠彩　89.5×115.5 cm　2004 年

穿著西裝的帥氣兒子，在六字真言的梵音圍繞中、腳踏九品蓮花，
跟著觀世音菩薩回到極樂世界淨土。

未完成全家福／膠彩　91×117 cm　2001 年

畫作讓我們一家團聚，感覺兒子從未離開，一直陪伴著我們。

「功德圓滿優秀的兒子，媽媽愛你。」親自爲兒子助念，並辦妥後事之後，我思索兒子離開前一個月，曾跟我說要到新竹縣新豐明新科技大學就讀，我也許下心願，要幫兒子完成生前要進入大學的遺願，要幫兒子完成未完成的大學學業。

我深愛藝術，也了解繪畫本身就是一種治療，爲了更深入創作深層，探究藝術創作者的內心，四十五歲時，我考上玄奘大學應用心理學系就讀。但這段期間，來自身心靈種種折磨不斷，考驗也接二連三的考驗著我，我在心中不斷告訴自己：「我不會被擊倒的！」

大學之路我走了十餘年，也曾休學兩年，五十四歲時我考入國立台灣藝術大學書畫系就讀，也仍受著病魔折磨，幾度請假、休學，遇到同學和教授詢問最多的是：「還好嗎？有需要協助嗎？」我都是微笑回應。

目前我仍在台藝大就讀，有的原本是我的學生，後來成爲同學，現在也已畢業了；有的成了我的學長、學姐。回想求學的路走得很辛苦，也不斷的和病魔與心魔纏鬥，但我始終從沒放棄。

儘管命運給我的考驗很多，但我也抱持人生的命運要靠自己去面對，以正向的心力去承受，並設法克服，周遭親友看我沒有被擊倒，紛紛鼓勵：「謝秀英加油！」

◎編輯室提醒：若遭遇困境，可撥打安心專線0800-788995（請幫幫救救我）、1995尋求相關協助。

19

心平氣和抗癌，坐看白雲藍天

從南投國姓遷居到新竹竹北後，我持續繪畫、教畫，參加了新竹縣美術協會，開班授課教工筆畫、佛畫；在兒子往生後，進入玄奘大學應用心理學系就讀。但老天爺這時竟對我開了個大玩笑！我因身體不適就醫，發現竟然在與兒子一起讀義民高中時就罹患了子宮頸癌。

「簡直是晴天霹靂，難以接受……。」思考當時小女兒仍在國小念書，除了生活經濟負擔，最主要的是做母親的責任還未了，罹患癌症後自己一個人竹北、台北兩邊跑，在和信治癌中心之間「旅遊」了一年半，除了全身麻醉需要有人陪時，我會請求二弟媳張美珠幫忙，其他的事都由我一個人面對。

病魔之所以可怕，不單是帶給人病痛，還用盡各種方式摧毀人的求生動力，病痛讓人痛不欲生，全身無力，沒人可以從外表上看得出你的病痛，無法了解正和病魔搏鬥的艱困，讓人彷彿活在另一個平行的空間，孤獨且沒人可以幫得上忙。

有一次搭車到醫院就診，上階梯時，平常人一步就跨上，我則要費很大的力量才能跨出一步，階梯就像一堵堵高牆，每走一步就痛得難受，心裡懷疑爲什麼我的命運如此？還要走下去嗎？

「我不能倒下，我倒下了，孩子怎麼辦？」對抗癌症是長期的身體和心理戰爭，我有好幾次感覺已走到人生盡頭，沒有力氣再走下去，但也不斷的自我鼓勵，以單純的想法：「既然已生了小女兒，就是我的責任，我不能倒下，一定要顧她到成人！」

我給自己撐下去的勇氣，鼓勵著自己必須跨越一步步的階梯，也慶幸老天有協助我，在我知道罹癌後，讓我在藝術創作時，還能保持心靈平靜地繪畫，在往返和信治癌中心一年半後，也轉到陽明醫院配合醫師接受治療，最後全身麻醉做切除。

選讀玄奘大學應用心理學系，也爲著探究藝術與治療的關係，如何能透過藝術沉澱心靈，它們之間究竟有什麼力量達成質能轉換？感恩許炳坤博士鼓勵我，希望我以自身經歷寫下藝術畫家奮鬥的生命歷程。

「書名就用坐看白雲深處的藍天吧！」許教授期許著說。每個人頭頂都有一片藍天，經由內心的探索，找到自己的晴空。雖然，回憶是一連串心靈與心理的拉扯，讓我想放棄，不想再回憶過往，然而許教授總是鼓勵著我說：「秀英，這本書如完成了，不是爲了你自己，而是可以幫助更多的人走出人生的苦痛。」

「不是爲了你自己，而是可以幫助更多的人走出人生的苦痛。」這句話深深地打動我，這不正是我潛藏在內心卻始終難達成的事嗎？因爲許教授的建議而促成了本書。

不過，這時候的我只要提筆回想，身體就不由自主的顫抖，好幾次都流著淚，呆坐一整天而無法動筆，最後將精神投注繪畫，畫佛禮佛，讓心情平復，以繪畫和宗教信仰對抗病魔，盡責的照顧孩子。

※※※※※

我大量閱讀心理學、佛學書籍。心理學上，研究顯示創傷後的壓力疾患，不僅是心理疾患，也會造成神經生理失常，特別是交感神經系統在創傷事件之後，持續維持在高度警醒的狀態，使人隨時處於備戰狀態，好像環境中仍有當時造成創傷的危險因子，長期下來，慢性的過度警醒狀態，會使個體注意力及專注度下降。

但藝術創作會使人放鬆情緒，當個體深深投入創作的過程，會產生一種「心流」的狀態，這近似達到禪定境界的禪體驗。所以，藝術創作之後往往使人覺得心情平穩，有助於神經系統警醒度的調節。

多篇文獻也提到，創傷在腦中的記憶是以非語言式的圖片式的呈現，當創傷事件發生時，大腦處於過度刺激狀態下，語言式的記憶功能停擺，腦中記憶機制轉換爲圖

君子德高
道有鄰
孤行荒店
見真情
閒雲野鶴
任來往
天地無心
獨舟橫
壬申年
仲秋
江霖

天地無心獨舟橫／寫意　45×36 cm　1992 年

像儲存，一般敘述性的談話治療要抽取這些圖像式的創傷記憶，將會遇到很大的挑戰，尤其是讓受害者感到羞愧及難以啓齒的創傷。

藝術創作提供的正是一個非語言的溝通管道，讓創傷經驗得以呈現，更進而重整。藝術創作是作者個人思想及情感的呈現，創作者在創作過程及觀看個人創作的藝術作品時，可以得到一些啓發與內省，並能將自身與創傷經驗產生的情緒適度抽離，進一步對創傷的經驗加以釋懷與處理。

借由書畫創作紀錄，重新整頓心靈，同時進行書畫創作與自我了解，並使兩者相互作用。從書畫中，讓人嘗試著如何從作品中完全對自己坦白與釋放創傷壓力，而且藝術創作帶來愉悅，帶來成就感和自信，是將感受情緒轉換爲能量的一種方法。

※ ※ ※ ※ ※

閱讀佛書，感受書中智慧、體悟法喜。媽媽辛苦一生，奉行著宿命論，也有人告訴我：「秀英，妳是上輩子造業太深了，這輩子才會有這樣的人生。」在上了大學大量閱讀心理學和佛書後，才知道這一句話是很要不得的制約，它讓我痛苦了好幾十年。

怎麼看待因果？其實，人的智慧難以透視當時的環境是因還是果。一位前賢智者分享了這樣的一段話：「假設這輩子是榮華富貴，這是上天給你機會，讓你造福更多人，所以富貴可能是因；假設是貧賤憂戚，可能是給你機會修煉成偉大的人，因爲生於憂患，死於安樂。」

所以，不需要羨慕榮華富貴，或是厭憎貧窮，眼前的困頓磨難，不一定是前世造業，而是上天提供修煉上進的機會。但幾十年來，受到「前世造業太深」的制約，讓我一直過著自卑贖罪的生活。

尤其，是因、是果很難界定，不用想承受的是因還是果，抱持著「諸惡莫作、眾善奉行」，存著正知、正見、戒慎警惕，自會有善果。了解了因果，學習以感恩的心做爲觀照的目標，開闊生命視野，在人生道路過程中定會帶來生命的改造。

有生就有死，這也是因與果的關係。但只要我還活著，就告訴自己要以最好的方程式活下去，就是要活得快樂幸福。以前，我明明原諒了那些傷害過我的人，但卻又無法眞正的快樂起來，就是因爲我忘了也要原諒我自己，這是因跟果的關係。

首先跟自己說聲：「對不起，這幾十年來，一直沒學會好好愛自己。」、「請原諒我，謝謝妳，我愛妳，秀英！」告訴自己要學會用心甘情願柔水般的態度去面對自己的前半生，也要學會用陽光般的態度去過隨遇而安的後半生，唯有如此的心態，才有快樂幸福的生活。

在心理學上說，創傷容易造成感受情緒能力減少，對很多事物都提不起勁，把自己封閉起來，出現人際疏離與情緒表達能力限縮。然我心中充滿感恩，即使多舛命運不斷考驗我，但也給我對藝術始終不減的熱情，在我的人生打開一扇窗口。

透過對藝術的熱愛，和推展美學的使命感，也不希望看到我曾受過的苦發生在別人身上，希望幫許多徬徨於人生十字路口或走入幽暗小徑的人能走出來，所以我教畫、推廣美學，與人分享我的人生，而這也讓我獲得許多良師益友。

我也經常對學生說：「生命是自己的畫板，需要自己去構圖，需要自己去著色，不要用一種色彩，把所有東西遮擋；人是可以做一位描繪自我人生的畫家，每個人都可以的，只要不放棄自己，就能創造自己，設計自己，就能決定自己的人生。」

20 創心齋藝術學會，無心居士無罣礙

定居竹北市後，與小女兒相依為命，盡管生活清苦，平靜中自有甘甜。在生活穩定後，我也積極推展書畫藝術，九十三年時向內政部登記，和當時擔任立法委員、後來任新竹縣長的邱鏡淳先生創設「中華民國心齋藝術學會」，這是屬全國性的書畫藝術組織，我也為自己取號「無心居士」，將工作室命名為「無罣礙齋心靈藝術工作室」。

無心又無罣礙，前者是放空自我，心中不存我執、我見；後者是淡泊心志，不求名、不求利，心無罣礙地為藝術而努力。我同時擔任縣文化局志工，也擔起新竹縣美術協會第十三屆理事長，全心全力奉獻給書畫藝術。

我常和學生分享創作過程，透過「觀物」、「觀想」、「觀照」三個過程——「觀

物」為對象物的觀察及擬象的過程，是物我所用的程序；「觀想」可釋為內在情思的聯結，是實踐中重要的程序，亦為創作中首要步驟；「觀照」則是實踐後具體呈現的效果，為「墨」、「彩」敷用的實際轉譯。

繪畫的主要元素，來自於內在與外在的構成。內在的元素就是藝術家心靈的情感，外在則是客觀的物質形體，藝術就是兩者間的發展與謀合。創作是內心情感的體現，當了解自我的創作方向與理想時，經由實踐的過程中，尋找物我之間的平衡或焦點。

教畫上，也借用集詩書畫於一身的前清大家鄭板橋創作過程：「眼中之竹、胸中之竹、手中之竹、胸無成竹。」說明繪畫取材大自然，用眼觀看、用心感覺，汰粕存菁後，再透過畫筆鋪陳，但最後融入胸中非竹，卻有竹子神韻的構思與風格，成就獨特畫風。

就如每個人畫山水靜物，可能取材如一，例如許多人畫黃山，山川、岩石、松柏、朝暉夕陰、山嵐暮靄亙古如一，但畫家心境與環境互動之下，畫出的意境風格卻

百福圖／寫意　625×45 cm　2008 年

自有不同。

「創心齋藝術學會，是爲藝術同好開路，減少艱辛。」我因自身經驗，意識到藝術這條路單打獨鬥走得很辛苦，創設心齋，並沒有門戶派閥，只想成立組織，結合同好發揮力量，促進藝術同好間彼此交流，教學之餘也和學生、同好多次舉辦畫展，甚至到其他縣市展覽和交流。

心齋藝術學會多次舉辦會員聯展，成員散布全台，以桃竹苗、南投等地居多。這段期間，我並非清閒，辛苦地照

花了將近九個月完成的「百福圖」，用畫中不同姿態的一〇八隻老虎，展現自己所經歷過的人生百態與考驗。（因版面關係，故將畫作分爲上下兩部份）

顧小女兒，身心受到病魔摧殘，仍堅持繪畫和爲藝術同好服務，積極地參與社會，放空自我和病魔的糾纏，用正向力量抗癌。

九十七年八月，我以一幅長廿一尺、圖中有一〇八隻老虎的「百福圖」，向各界說明透過繪畫，我已走出了癌症陰影；百虎或坐或臥，或雄踞或低吟，或眈眈虎視或慵懶地曬著太陽。

一〇八隻老虎在筆下代表著我經歷過的人生百態和考驗，「一〇八」這個數字，也與串鍊佛珠數目相符；朋友觀畫後認爲，這幅百福圖中的老虎，大都已收斂起了敵意和戾氣，與大自然和諧相處，多了一分平和之氣。

創立心齋藝術學會間，我了解全國美展對國內藝壇意義重大，除提供藝術創作者一個發表場域，也是透過畫展，讓藝術創作有個能被看見、被欣賞的管道，對藝術工作者是很大的鼓勵，後卻一度停辦。在南投同鄉吳敦義擔任行政院長時，於畫壇大老李穀摩提案下，我和心齋藝術學會員、新竹縣美術協會、桃竹苗以北的藝術家參與連署，爭取恢復全國美展。

九十九年九月十二日，吳敦義到南投參加台灣藝術大道促進協會舉辦的「九九峰情畫藝術家聯展」時，宣布民國一百年全國美展將恢復舉辦。在大家努力下，終於成就了這一全國藝文界的盛事。

我常受邀參加縣市藝術交流、兩岸書畫交流，也曾在活動中當場揮毫，提筆作畫過程沒構圖、沒打草稿，迅速完成，一場場「鬥畫」，旁觀人嘆如行雲流水般，每次畫完了，畫中留白正好供落款、用印，一氣呵成。

有人認爲我或許是早有準備，實際上，我是「半生殘手繪丹青」，繪畫過程，手成了筆的支架，手到手指之間其實是不聽使喚的，我乾脆「用心」畫，結果是如有神助，冥冥中彷彿有一股看不到的力量幫著完成畫作。

我因少女時就投入美容工作，爲顧客洗頭，後來經營黛莉詩女子專業美容坊，除了美容也爲顧客做全身油壓、按摩，手指長期施力勞動，罹患了肌腱瘤，冬天時右手幾乎僵硬難動，曾經做過三次手術，迄今右手仍有三隻指頭無知覺。

開班教畫，但旨在推廣藝術，遇家境不好的學生就不收學費，並輔導弱勢團體學畫，教授畫畫過程，也和學員分享人生。有的學生擔心沒辦法畫、失去自信，我就以自身手指傷殘讓學生知道：「我的手指已無知覺，像我這樣都能畫，爲什麼你不能畫？」

有的學員已成年，大半生爲家事操勞，有的遇人不淑、生活艱困，有的在人生上遭遇挫折，走不下去，我也透過繪畫、交談、勸導，鼓勵她們走出困境，用眞善美的信念出發，遭遇人生逆境，不要輸了自己的信心，不要半途而廢，輸給內心的脆弱，選擇緩慢頻率的腳步行走在生命的雲水中。

有人認為，新竹生活水準高，在新竹教畫收入不錯，也確實有貴婦級的學生來學畫。但也有幾位上課時聊著名牌包、聊餐飲美食、聊美容，或批評起鄰居、同事，東家長、西家短……。

我勸她們說，來學畫就是學修心，在勸了幾次沒改後，我乾脆下逐客令：「不要到這邊學畫，我不收妳們當學生。」我當時的生活雖辛苦，但很堅持原則；學生也知道，秀英老師發起脾氣是會趕人的！

我喜歡畫佛，願佛的祥和寧靜走入家庭，帶來幸福；因媽媽愛花，我也畫各式花卉，尤其愛蓮花、畫菊花。我愛蓮花出淤泥而不染，蓮也是現存於世的遠古植物，是佛教中常見的植物；菊花則是一身傲骨，在群芳中凌風雪而後凋，蓮與菊正可反映包容又堅毅的個性。

我曾舉辦十多次個展、三十多次師生展，更在二〇一一年七月十八日到八月五日，參與了一場在新竹縣文化局登場的跨世代「七代傳承書畫聯展」！這在藝壇上是創舉，我上承第一代金北樓老師、第二代金勤伯老師、第三代喻仲林老師、陳桂華老師、第四代張克齊老師，我是第五代弟子。

我在「七代傳承書畫聯展」中，以一幅「觀世音菩薩」工筆畫參展，畫中觀音端坐蓮花座上，低目垂眉，法相莊嚴神情祥和，觀音像後有光和隱隱光暈及朵朵蓮花，代表智慧和正向能量，也是我面對諸多考驗的人生態度。同時也以代表新竹縣的縣鳥、縣花，創作五色鳥與茶花，背景底色是新竹縣，五色鳥仰首向天，象徵著「躍昇竹縣」，這幅圖已由新竹縣長邱鏡淳先生收藏。

邱鏡淳縣長在畫展中致詞說：「謝秀英老師不畏人生挫折及考驗，用愛心推廣、昇華藝術力量，幫助弱勢族群；用藝術美化心靈，使社會更和諧幸福；以樂觀與卓越的正向意念，引導藝術元素融入地方；以真心來散發善與美，感動周遭，激發共鳴。」

21 推廣美育，心齋開枝散葉

從南投移居竹北後，我因工作和租屋，也更換過幾個住所。住竹北市建國街的時候，常帶小女兒到住家附近一家餐廳用餐，餐廳老闆楊碧奇是一位大約四十歲左右的女性，在用餐等候的時間與她閒聊，才陸續知道她的遭遇。

楊碧奇結婚後育有兩男一女，原本以為可以適應新環境，無奈計畫永遠趕不上變化，後來發生一些變故，她帶著女兒離開了婆家，那時女兒才五歲，她的哥哥知道她的處境後，就將竹北博愛街的一間小餐廳轉給她經營。

「謝老師，我想學畫……」她穿著簡單樸素，餐廳也整理得很乾淨，我和女兒經常到餐廳用餐。一段時日後，她知道我是一位國畫老師，經由竹北市鄭阿乾中醫博士的推薦，原本就喜歡畫畫的她，就和我習畫修心，從此結下師生緣分。

她是認眞的，每當我到她餐廳用餐時，也發現她餐廳櫃子上疊了一層厚厚的練習宣紙，在她表達想學畫之後，一有空就畫，遇到我們母子用餐的空檔時間，她就拿著作品來請教，詢問哪裡還有需要改進的地方。

她告訴我，每次看見我示範運筆，流暢瀟灑，簡單幾筆，一幅小作品就完成了，深深地被我吸引。於是我每教她一幅畫時，只要她有空檔的時間，她都會練習十遍、百回，希望有朝一日能跟我一樣厲害。

她越畫越好，回想當初學畫純粹只是興趣，後來藉由筆墨將心中的情感寄託於畫當中，也以開闊的視野去觀察身邊的人、事、物，對生命也有更深一層的體驗與感悟，並眞誠地表達在她的作品當中，不知不覺繪畫已成爲她生活中的一部份，也徹底融入她的生命，改變了她，最後甚至決定結束餐廳專心習畫。

學畫過程，我逐漸了解她自幼生長在農村，家裡務農，母親賣菜貼補家用，她很小就要幫忙農務，生活物質並不充裕，加上體質較弱，就讀小學的時候時常暈倒。稍長時家裡經營小型加工廠，她了解創業艱辛，爲了節省人力成本支出，通常在放學後都要加入工作行列到深夜，假日也是如此，童年幾乎都是這樣度過的。

在竹北，我積極推廣美育，邀請她擔任繪畫助教，在她熟悉如何教學後，接著推薦她到社區大學任教，希望她更專注的朝美學教育發展。她個性內向害羞，知道這一推薦後，她既期待又恐懼，不知如何是好。

「放心，妳可以的，妳做得到，會是很棒的老師！」我適時地給予鼓勵與安慰，了解她從小經歷許多艱苦環境磨練，養成刻苦的精神，凡事都能知足也懂得惜福與感恩，在繪畫和教育上，一定能闖出一片天地。

在不斷鼓勵下，她終於鼓起了勇氣，踏出了第一步。後來，陸續在各社區及縣文化局研習班開課，認眞傳遞所學習到的繪畫技能，她和每位學員相處都極爲融洽，像家人一樣互相鼓勵與關心，也努力學習我推廣美育的精神，爲傳承美育盡一份心力。

多年後，我又鼓勵她接了新的任務，面向人生另一個挑戰與學習，要她擔任中華民國心齋藝術學會的理事長。毫無經驗的她，當時也是恐懼，我盡可能提供經驗與她分享，加上她努力的學習與克服心理的恐懼，以及理監事和會員們也鼎力協助下，會務順利推展且蒸蒸日上。

她學畫的精神和做事認眞的態度，讓我很感動！

後來她也跟我分享，在心齋藝術學會這個團體中，收穫最多的不是在繪畫技巧技法有多厲害，而是結識了許多眞心相待、善良的好朋友。心齋就像一個溫馨的大家庭，她喜歡這種感覺；她感謝曾經支持鼓勵相挺的朋友，也感謝給她批評指教的人，讓她能不斷的歷練與成長，這都是正能量的思維。

我也思考過，我是位嚴師，對她非常嚴厲，但她從不抱怨總是默默承受，我很好奇她怎麼會有如此驚人的學習精神與堅強的毅力？不少學生都被我出了名的嚴格給嚇走了，她還留下來繼續努力學習。

從她身上我看到了做人處事的認眞與專注，因她知道，她後半人生要如何從「命運」轉爲「運命」，她對事情總是能發揮正面思考，去面對所有人、事、物，外表纖弱但內心堅毅。

繪畫改變了她的命運與人生，從經營餐廳變成專業畫家、國畫老師，這樣的轉變需要多麼大的努力、恆心與毅力，但她做到了，也讓人佩服。

學生中也有原本覺得自己沒耐心、每天都在生氣，是「愛生氣」的媽媽，在學習國畫後，心境逐漸改變，快樂、有自信，臉上多了笑容，心靜下來，對周遭事物也能緩下腳步思考，從原本以大人角度看孩子、給孩子帶來壓力，變得耐心傾聽小朋友的內心世界，孩子也有了信心與快樂，親子感情變得更加融洽。

也有家長習畫後，帶著國小二年級的孩子來拜師學畫，性情從好動無定性，逐漸改變心性變得安定，甚至爲了一幅作品的草圖，可以畫一個下午不休息。

「一花一草皆佛性、昆蟲飛鳥皆如來。」繪畫過程是與自己心靈的對話，也是觀察環境、用心傾聽一場人與自然的對話，古人說，「萬物靜觀皆自得，好鳥枝頭亦朋友，落花水面皆文章。」在靜觀中體會花鳥蟲魚的成長過程，了解生命如何與環境互動，進而共享共利。

例如，植物從最早的綠藻，演化成蘚苔植物、蕨類植物、裸子植物和被子植物，最後呈現千姿萬色的世界，爲什麼長這樣?綻放這種花色?而植物破土而出的力量，滋養其他生物，與周邊環境搭配適應的智慧圓融，仔細觀察和審思，明心見性，必有所得。

我相信書畫是個無限廣闊與自由的世界，只要是能想像的人生經驗與夢想，全可踏實地築夢在畫紙上，不論是信手塗鴉，還是寫生創作，都是生活經驗中難能可貴的實踐與紀錄，是如此引人入勝，令人沉醉其中，心情性格和處事態度也在繪畫中起了潛移默化的功用。

我相信每一個人，只要找到自己喜歡的興趣，把它當作自己的生活與事業，永不

靜賞秋色／寫意　45×36 cm　1992 年

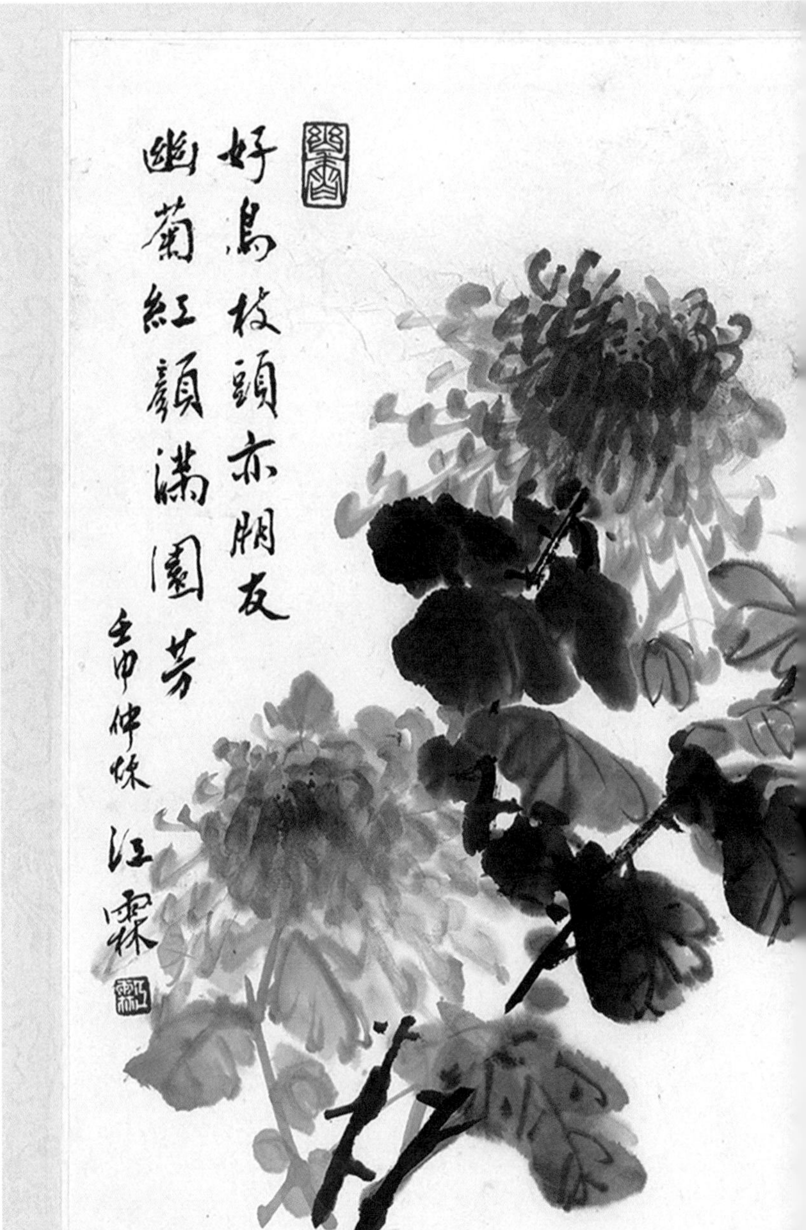
好鳥枝頭亦朋友
幽菊紅顏滿園芳
壬申仲秋
江霖

放棄堅持到最後，面對人生艱辛與挫折都能轉化作正面的能量；我相信每個人都可以在屬於自己人生的舞台上發光發熱，學會改變舊思維，繪出燦爛奪目的圖畫。

人的一生就像天氣，有春夏秋冬四季的輪替，而且有時風、有時雨，有時陰，有時寒流會來襲！但太陽公公永遠都存在的，只要努力等待，心存感恩，每天隨遇而安，正面能量滿溢，爲自己加油，堅持到底，奇蹟就會在轉角處等妳！

九二一大地震後，我從南投國姓搬新竹縣，迄今廿年，教畫學生數逾百，也陸續協助多位學生進入教畫，讓美學美育開枝散葉。

22

漏礬際遇，不凡人生

工筆畫所採用的熟紙或熟絹，是用膠礬水多次刷製而成。繪畫過程中，如隨著多次的渲染或是用水過多，膠礬會走失，而造成漏礬；漏礬後，會因滲水讓顏色不均勻，出現渲染，對要求精準的工筆畫是一大傷害。

「不是吝惜絹布，而是接納這些事實，這就像我的人生。」遇上絹布出現漏礬，因渲染而影響線條、著色時，有的畫家可能容不下一點瑕疵，但我並未因此換掉絹布，仍持續作畫，以技巧、著墨深淺完成作品，但也留下過程中曾出現的漏礬。

在藝術創作中，有人看到的是完成圖，但也有人會注意草稿、原始構圖，因爲草稿保有創作者構思過程；我也認爲，藝術創作一如人生，很少有人的人生際遇是完美無缺，老天爺讓人來到世間，就是要經歷各種酸甜苦辣，有著各項人生體悟才是豐富，有甘有苦才是圓滿。

以我來說，我的人生並不完美，也曾是嚴重的憂鬱患者，受到多年痛苦煎熬，我透過繪畫創作及旅遊與人群互動，也和親友、學生分享個人遭遇，鼓勵周遭有身心痛苦的人克服困難，要活出自我，活得精采，「我都可以，相信你也做得到！」

⁂ ⁂ ⁂ ⁂ ⁂

劉憶慈是跟著我習畫的一位學生，她幼年時，因爲一場車禍意外奪去她摯愛的父親，她的家庭經濟原本就不好，她又是五位子女中的長女（么妹當時才六個月大），在她八歲時就得挑水肥到河邊菜園澆菜，河床崎嶇不平，她常摔得破皮受傷。

劉憶慈在成長過程曾受到家扶中心協助，後來的遭遇也非順遂，她在繪畫中找到人生定位，第一個想到的就是回饋人群，關懷其他需要幫助的人。

竹／寫意　35×45 cm　2016 年

她幼時有個夢，年幼時在親戚家的月曆上看到鬱金香圖片，所以在澆肥種菜時，幻想將滿園的青菜當成種著鬱金香的秘密花園，構思著有一天要實現這個夢想。於是在她學習繪畫後，終於提筆畫出心中的鬱金香花園。

習畫有成後，她舉辦畫展義賣，並將義賣所得全數捐給新竹家扶中心。在七代傳承書畫聯展中，她展出一幅開滿鬱金香的大花園，花園中一隻蝴蝶翩翩飛舞，她畫出了徜徉花園的童年夢，而這幅畫也是她畫冊《憶愛慈心》的封面。

而張馨鎂則是歷經罹患鼻咽癌、子宮頸原位癌以及丈夫往生等接踵而來的打擊；在治療癌症期間，頭頸部器官功能更因照射鈷六十後遺症而萎縮退化。所遭遇的一切雖然令她心力交瘁，但她依然面對接受。

扶養三個孩子的她身形瘦弱，僅剩單眼視力，還有雙耳聽障、言語困難等狀況，造成生活上許多的不便。有一天她看到大愛電視台播放證嚴法師的開示：「不要小看自己，因為人有無限的可能。」這句話讓她重新振作，想學畫義賣感恩回饋社會，於是努力投入寫意、工筆彩繪藝術，學畫過程每每遇到挫折都會想著「站在半路，比走到目標更辛苦。」這句靜思語來自我勉勵不放棄，她的努力讓生命的畫布增添些許色彩。

羅癌至今已三十個年頭的馨鎂，在七代傳承畫展中，以九十六個小時完成的「觀世音菩薩」工筆畫參展。說明「不要只看眼前的一片陰影，因爲你的背後還有一道陽光。」鼓勵遭遇病痛、挫折的人不要灰心，將挫折的阻力化爲助力，堅持到底、永不放棄。

胡寶玉則是另一奇遇。小時候雖然喜歡塗鴉，但後來讀書、工作後，沒機會學畫。她在路邊用小發財車賣早餐賣了廿五年，因學佛機緣，有次看到新竹市佛光山法寶寺招生國畫班，她報名參加，開課後才知道要用毛筆畫，而且是工筆畫。她想了一想，已三十多年沒拿過毛筆怎麼畫？

第一堂課她拿筆畫線條時，禁不住顫抖，卻也很珍惜這一遲來的學習機會。我教她畫佛、花鳥，也和她分享人生經歷，緩和她心情；胡寶玉以一幅「雲想衣裳花想容」工筆畫參展，畫中人物對談，筆觸細膩、著色淡雅。她多次參加書畫聯展，也曾獲獎，如今她也擔任繪畫教師。

我的學生未必都是人生遭遇不幸，我不強調繪畫必須是「文窮而後工」，也不是將繪畫與精神治療畫上等號，但繪畫確實能帶來精神層面一定的滿足，讓身、心、靈有所寄託，繪畫過程，也是靜修內省的過程，二十多年來，我在新竹縣推廣美育，也用藝術激勵學生思考，希望帶給他們安定和正向的力量。

學生中年齡最小的蔡璇苓，三歲時因姊姊學書畫，跟著姊姊到我的畫室，看到我就下跪拜師，但考量她年紀還小，還不適合握筆，直到蔡璇苓五歲時才正式學書畫，還曾得過光明國小書法第二名；另外，也有位從小就是過動兒的學生，媽媽帶他來學習繪畫，在繪畫後，變得沉穩內斂。

因長期教畫，學生群跨年齡層，也交換著人生閱歷。在書畫構思中，學習沉澱心靈，增長智慧，遇到病痛、挫折要愈挫愈勇、不要灰心；較年幼的學生則透過繪畫協助穩定心性，激勵學習，在未來人生中，能以正向思考增強抗壓力。

張克齊老師在展覽中提供的一幅畫，是由公雞、母雞帶著一群小雞漫步絲瓜田中。雞群和蔓生的瓜藤，正表現藝術代代相傳的意境，呈現和諧之美，讓各界了解繪畫藝術跨越年齡，代代相傳，是人間共同的語言。

七代傳承書畫展在當時受到好評，每天參訪民眾多，這是一項創舉，每幅畫作的背後都是感人的故事，傳遞的不止是繪畫技巧，還有以書畫美化世界、安慰心靈，在滄海一角有著一群人，相互勸善行善，爲推廣藝術豐富人生默默努力的故事。

我持續教畫，推廣藝術，也再回台藝大學習，不斷求知識求進步。我深愛繪畫，因書畫是個無限寬廣與自由的世界，沉浸其中，身、心、靈可獲得安定與沉殿，盼以繪畫累積一世香氣、豐富生命果實，鼓勵走在人生低潮者，不憂漏礬際遇，要走出困境，活出自我、發掘潛能，追求不凡人生。

23

善待自己，每天都是新生

「我又活過來了，這是新而美好的一天！」現在的我，每天醒來還沒下床時的第一件事，就是告訴自己，「我又是一個全新的我，要擁有快樂的心情去面對今天的生命，我相信就能有開心的際遇。」

世界有正面能量，也有負面能量，讓心安住在正能量的狀態，那生命的光亮就會更耀眼，自然就不覺黑暗。

我相信我們的心也是，一念地獄、一念天堂，我意識到，任何不快樂的時光，都是在浪費時間；我會鼓勵自己，那就用微笑去面對，我相信用歡喜心情看人生，就能活得愉快。

當然，年輕時候，身心靈十分痛苦，每天以淚洗臉，哪能笑得出來啊！後來學習開始每天對著鏡子微笑，皮笑肉不笑也沒關係，就是不能放棄。剛開始，也覺得這不是從內心發出的笑，嘴角實在超級酸的！

但我不放棄，每天就是這樣的練習著，時間久了，到現在，笑，已經是發自內心，嘴角也不酸了。

然後每天晚上睡前鼓勵自己，告訴自己要感恩自己，今天又是平安喜樂、歡喜心的過一天的生活了；跟自己道聲晚安，結束了今天的一切，即使明天沒有醒過來，也沒有關係了，因爲，我已經盡心盡力的過完了今天。

我們都可以自己訓練自己，讓心境快樂！我選擇善良，不是我軟弱，而是因爲我明白，因果不空，善惡終有報應；選擇寬容，不是我怯懦，而是因爲我明白，寬容了他人，就是寬容自己；選擇糊塗，不是我眞糊塗，而是因爲我明白，有些東西是爭不來；選擇平淡生活，是因爲我明白，功名利祿皆浮雲。

我們的一生，是由許多點、線、面交織組合而成，就如我們走在道路上時，會遇到許多的交叉路、十字路口，我們必須決定該往那個方向走，才可以繼續往前進，就像我們人生的選擇一樣，當我們沒有下好判斷、做好選擇，就有可能使自己通往一條窄道，或是最後跑進了死胡同。

但進了死胡同並不代表結束或永遠悲慘，因爲我們還得繼續做另外的選擇，幫助自己找到另一個出口或重新回到大道上，而這就是所謂的「人生」。

在人生中，我們會碰到許多選擇，每一次也都會在審慎思慮之後做出認爲對自己最好的決定，有時候結果是好的，而有時卻不然。但無論結果如何，也只是另一個選擇的開始，我們應該要讓自己勇於去嘗試、突破、改變與創新，讓自己去實際面對問題、經驗問題、解決問題，從中獲得自我成長與經歷一次又一次蛻變後的新生。

人從出生到老，必須經歷生、老、病、死不斷逆境的考驗與折磨，在人生這過程當中，有的人很快的釋懷情緒壓力，有的人卻走不出創傷的壓力而結束生命。

金秋／工筆　直徑 39 cm　2016 年

「生活」是一種在歷練和體驗之後、再經沉澱思考，讓心智成熟和內在心靈不斷長大的過程，我們可用正面堅定的心境與勇氣，接受不一定完美的自己，也都可以訓練讓自己的心境更快樂。

人來到世間，是來體驗的，每個人的財富與地位，在世俗的認知上或許有高低，但對快樂與幸福的體會，並沒有高低之別。我也將自身經歷、心境與接受不這麼完美的自己、如何將「命運」轉成「運命」的過程及心態，分享給周遭親友，傳達當下的人生不是取決於過去的創傷，而是要轉變自己的思考方式與堅強的毅力以放眼未來。

常告訴自己「苦」才是人生。人間就是一所學校，就是一個大道場，我不再迴避悲傷，也不再拒絕傷痛，絕不懷疑生活，也不再抱怨過日子，我活出生活的獨自承擔，獨自去解讀生命的艱難，勇敢的向前邁進。

生活當中會遇到哪些痛苦不幸？沒有誰是誰的脊樑，也沒有誰能告慰誰的堅強。

生活的不幸其實是一種自我的成長，沒有人能替代也沒有人能安慰。

人生的藍圖自己設計，先盡能力而後聽天命吶！佛陀曾說：「降伏百萬大軍並不偉大，降伏自己，才是世界上最偉大的人。」龍樹菩薩也說：「最大的敵人是我執，而不是他人。」

小女爲我的畫室取名「香雪海」。我的人生過程很吵，所以我喜歡獨自安靜的生活，我常在寂靜中，獨自的鼓勵自己：「妳可以靠自己改變命運的，生命不是一時的喜怒哀樂愛惡懼，最重要的是，自己正在朝向想要的人生目標而努力。」

孩童時代，我常在想十年後、二十年後、三十年後與老年後，我想要過的是什麼樣的生活？然後思考現在要怎麼開始去耕耘？當這樣想的時候，那些打擊我的人、事、物，都只是我生命中的過客，就變得不那麼的重要了，這就叫做轉念。

就如同蘇東坡在《赤壁賦》中寫著「蓋將自其變者而觀之，則天地曾不能以一瞬，自其不變者而觀之，則物與我皆無盡也……」一樣，我們用什麼角度看世間？世間有變有常，從變的角度去看，每一分每一秒都不一樣，如同搭火車看窗外景色，一幕幕的轉換流逝，人生短暫，隨時獲得也隨時失去。

如果從恆常的角度看，千古風流人物一世豪傑，真的被歷史浪花淘盡了嗎？真的隨著死亡就灰飛煙滅了嗎？近千年後讀《赤壁賦》，蘇東坡月下泛舟的景象仍栩栩如生，三國英雄豪傑的故事，仍與江流石不轉的赤壁同在啊！

人生中遭遇的得失、寵辱、悲喜，變化不定且瞬息流動，今天有所獲固然驚喜，但也可能要面對明天的失去，甚至難以割捨，與其執著短時間的心情波動，不如追求恆常，找尋童年時塗鴉興趣和透過繪畫也可以譜寫人生的初心，告訴自己要善待自己，向著人生的目標而前進。

古今以來，形形色色無非是戲，不如學會看透；天地之間，奇奇幻幻何必認真，學會放下！了卻俗情心自清，塵緣不染性自明，用出世間的心情，過入世間的生活。

人活在世上，三萬多天日子，短暫的人生，其實有無限可能，就是要勇敢的去嘗試、去愛、去痛、去哭、去笑，然後當我們再回頭去看時，才不會發現我們的一生只是一片荒蕪。

那些喜怒哀樂、悲歡離合，都將成爲我獨一無二的風景，一花一世界、一葉一如來，每一朵花、每一片葉、每一道陽光、每一滴雨水，都只屬於我們自己的，屬於我們一生忘不了的美好回憶。

別忘了常常鼓勵自己，只要肯學習，人生就會很充實；只要肯用心，生活就會很圓滿；只要肯奮鬥，生命就會放光彩；只要肯付出，心靈就會很喜悅；只要肯包容，一切就會很和諧；只要肯精進，夢想就會變成眞。

生活需要善意的選擇，日子需要溫暖的抉擇。面對生活的考驗時，不是去追尋生命的榮光，而是要活出生活的樸素；我沒有必要給生命強加些虛幻的價値，我要活在輕鬆和自然當中。

回顧我的生命是如此奇妙，看到自己的生命是多麼精采。每一個人的一生，每一個感受，都不是憑空而來，唯有眞實的經歷和體驗，才能帶來最深刻的感動和領悟。每個人都是自己人生的設計師，我可以做到，我相信每個人都可以活得比我更精采。

【後記】

岩棉玫瑰：謝秀英的故事

羅緗綸

我長期在地方採訪，警政、府會、文教、村里……，幾乎所有的路線通包。記者工作的迷人處，就是在第一線接觸芸芸眾生，更在於接觸眞人眞事眞性情時，能很快的感受到多樣的人生際遇，也常常因此受到啓發和感動。

與秀英老師是多年來採訪藝文活動而認識。採訪上，看她畫的花鳥、佛像，落筆乾淨，畫面就是美，就是有著寧靜致遠的安定感。雖曾聽聞她有不平凡的故事，曾落髮、曾寫血書《心經》悼念親人，也是一位堅毅的單親媽媽，她從南投搬遷來新竹，罹癌仍努力不懈，靠著教畫照顧著幼女。

採訪上，我一向尊重受採訪者，雖然片斷傳聞讓人好奇，但不問隱私。直到最近，有次遇到秀英老師，她向我提出：「羅記者，想請你幫我寫書。」她簡略地說出遭遇，也強調她並不是求名，也不求利，只是想以個人的經歷，給社會遭逢不幸、想放棄人生的人一些鼓勵。

記者膝蓋式的反射思考，讓我迅速在腦中計算起她的企圖。爲名？她曾擔任新竹縣美術協會理事長，創立中華民國心齋藝術學會，在新竹縣畫壇廿餘年，頂著藝文桂冠，已經夠有名氣了；爲利？她繪畫也教畫，生活過得簡樸，不穿名牌、不開名車、不貪求物慾，教畫和畫作的收入，已夠她生活無虞。

她的童年、少女、婚姻和成長過程，難堪到讓人不忍。我想，大多數的人都會選擇遺忘，選擇隱瞞，爲什麼要放棄這一切？不怕周遭追隨的學生、好友以異樣眼光看待一位摘掉藝文桂冠、一身千瘡百孔下的謝老師？

她說，先前也想寫自傳，但提筆卻寫不下去；她想寫個人經歷，用個人僅存的人生經歷，對社會有所貢獻，救一人，算一人，希望鼓勵徘徊在生命十字路口的人不

百合／膠彩　27×43 cm　2005 年

要放棄，即使身處幽暗人生，自有一絲光亮就在轉角處等著。但，如果不再往前走一步，不肯轉個彎，就喪失找到光亮的機會。

謝老師談起過往，雖然說「抱持平靜的心情」，但有時仍會落淚、顫抖，聽她的故事，幾次我也難過得想掉淚，安慰她，並設法先把話題先轉開，也談談自己的童年故事，談四〇到五〇年代的環境背景，或一些採訪上的趣事，紀錄就這樣斷斷續續地進行將近半年。

因記者採訪素養，就是要避免受情緒影響，要求下筆客觀、持平，說得白話一點，幾乎做到「沒血沒淚」，而不是受情緒左右，或許，這也是謝老師寫不下去而找我代筆的原因吧！只是每回動筆，仍是心酸感苦，如鯁在喉，感嘆老天爺何其殘忍，教她承受這麼多的磨難，又怎承受這麼多的壓力？她是怎樣熬過來的？

這讓我想起廿多年前在鄉間農園的採訪。

有次，採訪在一位青年農友，農友介紹新的種植技術——岩棉種植，指著他種植的水耕番茄和漂亮的玫瑰花說：「你信不信？這些營養新鮮的番茄和美麗的玫瑰是從最堅硬的岩石中長出來的？」

「怎麼可能？」我懷疑。他解釋，岩棉是最堅硬的玄武岩，經過高溫、高壓、高爆，讓它成爲如海棉一般，無菌且可吸收水份、營養液，成爲最好的水耕材質，讓堅硬的岩石也能長出玫瑰花……。

這，不正像謝秀英的人生？歷經了多重磨難，承受一般人難以承受的壓力，擁有高潔心志和靈魂，開出精采亮麗的人生花朵，還以自身爲幅射，不斷帶給周遭眾人正能量。

謝老師正是這樣的人，長期受到身心煎熬，但在朋友圈中，她總是帶給眾人快樂，樂於爲人服務。有一段時間，她因一次偶然的車禍，手術後傷到頸椎，治療過程及前塵往事再度從腦海中翻攪反芻。

這時繪畫教學、求學、生活和家庭經濟壓力等步調被打亂，身心受創陷入低潮，醫師診斷她患精神官能性憂鬱、廣泛性焦慮、適應障礙等三症，心智一度退化如幼童，她除了藥物治療，也由女兒陪著在國內外旅遊，做自我療癒，透過在臉書上分享旅遊圖片向親朋好友說：「我很好，我沒事，我正在旅遊……」但一般人並不知道，她此刻正與病魔纏鬥呢！

謝老師一生很苦，但也最見不得人苦。訪談過程中，新聞社會版上報導著媽媽攜幼子尋短、情侶失和跳月台等憾事，謝老師聽聞這些訊息，總是不斷嘆息，感嘆沒人適時伸出援手拉一把。

「許多年輕生命，有著大好人生卻殞落，讓人惋惜。」她希望有機會到校園告訴青年朋友珍愛生命，老天給人生命，就是要體驗人生的酸、甜、苦、辣，有多樣體驗才算是豐富圓滿的人生，且要活得精采。

我喜歡走訪偏鄉，找尋眞性情；也愛看偏鄉寺廟廊柱對聯，這些對聯不一定是高官名宿書寫，大都是建廟初始，邀請地方文人或隱逸雅士執筆，我愛它用簡樸文字保留著原味，在字裡行間述說寺廟歷史、典故、地方人文背景，及宗教的哲思。

有間寺廟偏殿敬祀著觀音，廟中一副對聯是這麼寫著：「觀感動婆心，大慈原抱大悲志；音聞傳世態，救苦尤思救難民」，秀英老師禮佛，也愛畫觀音像，聞聲救苦，一體同悲，歷經大悲，更見大慈，或許這正是她長駐心中、落筆於紙上畫佛畫觀音的原動力吧。

書中故事不在於彰顯一個人如何成功，不是誇耀一個人如何努力。謝秀英老師經歷人生百苦大悲，她透過繪畫，用一己之力推廣美學，更不惜拋棄尊嚴，不保留地捐出人生經歷，這是她的大慈願，也是歷經人生波折的大悲志。

橡樹林文化 ❖❖ 衆生系列 ❖❖ 書目

JP0001	大寶法王傳奇	何謹◎著	200 元
JP0002X	當和尚遇到鑽石（增訂版）	麥可・羅區格西◎著	360 元
JP0003X	尋找上師	陳念萱◎著	200 元
JP0004	祈福 DIY	蔡春娉◎著	250 元
JP0006	遇見巴伽活佛	溫普林◎著	280 元
JP0009	當吉他手遇見禪	菲利浦・利夫・須藤◎著	220 元
JP0010	當牛仔褲遇見佛陀	蘇密・隆敦◎著	250 元
JP0011	心念的賽局	約瑟夫・帕蘭特◎著	250 元
JP0012	佛陀的女兒	艾美・史密特◎著	220 元
JP0013	師父笑呵呵	麻生佳花◎著	220 元
JP0014	菜鳥沙彌變高僧	盛宗永興◎著	220 元
JP0015	不要綁架自己	雪倫・薩爾茲堡◎著	240 元
JP0016	佛法帶著走	佛朗茲・梅蓋弗◎著	220 元
JP0018C	西藏心瑜伽	麥可・羅區格西◎著	250 元
JP0019	五智喇嘛彌伴傳奇	亞歷珊卓・大衛一尼爾◎著	280 元
JP0020	禪　兩刃相交	林谷芳◎著	260 元
JP0021	正念瑜伽	法蘭克・裘德・巴奇歐◎著	399 元
JP0022	原諒的禪修	傑克・康菲爾德◎著	250 元
JP0023	佛經語言初探	竺家寧◎著	280 元
JP0024	達賴喇嘛禪思 365	達賴喇嘛◎著	330 元
JP0025	佛教一本通	蓋瑞・賈許◎著	499 元
JP0026	星際大戰・佛部曲	馬修・波特林◎著	250 元
JP0027	全然接受這樣的我	塔拉・布萊克◎著	330 元
JP0028	寫給媽媽的佛法書	莎拉・娜塔莉◎著	300 元
JP0029	史上最大佛教護法一阿育王傳	德千汪莫◎著	230 元
JP0030	我想知道什麼是佛法	圖丹・卻淮◎著	280 元
JP0031	優雅的離去	蘇希拉・布萊克曼◎著	240 元
JP0032	另一種關係	滿亞法師◎著	250 元
JP0033	當禪師變成企業主	馬可・雷瑟◎著	320 元
JP0034	智慧 81	偉恩・戴爾博士◎著	380 元
JP0035	覺悟之眼看起落人生	金菩提禪師◎著	260 元
JP0036	貓咪塔羅算自己	陳念萱◎著	520 元
JP0037	聲音的治療力量	詹姆斯・唐傑婁◎著	280 元
JP0038	手術刀與靈魂	艾倫・翰彌頓◎著	320 元
JP0039	作為上師的妻子	黛安娜・J・木克坡◎著	450 元

JP0040	狐狸與白兔道晚安之處	庫特・約斯特勒◎著	280 元
JP0041	從心靈到細胞的療癒	喬思・慧麗・赫克◎著	260 元
JP0042	27% 的獲利奇蹟	蓋瑞・賀許伯格◎著	320 元
JP0043	你用對專注力了嗎？	萊斯・斐米博士◎著	280 元
JP0044	我心是金佛	大行大禪師◎著	280 元
JP0045	當和尚遇到鑽石 2	麥可・羅區格西◎等著	280 元
JP0046	雪域求法記	邢肅芝（洛桑珍珠）◎口述	420 元
JP0047	你的心是否也住著一隻黑狗？	馬修・約翰史東◎著	260 元
JP0048	西藏禪修書	克莉絲蒂・麥娜麗喇嘛◎著	300 元
JP0049	西藏心瑜伽 2	克莉絲蒂・麥娜麗喇嘛◎等著	300 元
JP0050	創作，是心靈療癒的旅程	茱莉亞・卡麥隆◎著	350 元
JP0051	擁抱黑狗	馬修・約翰史東◎著	280 元
JP0052	還在找藉口嗎？	偉恩・戴爾博士◎著	320 元
JP0053	愛情的吸引力法則	艾莉兒・福特◎著	280 元
JP0054	幸福的雪域宅男	原人◎著	350 元
JP0055	貓馬麻	阿義◎著	350 元
JP0056	看不見的人	中沢新一◎著	300 元
JP0057	內觀瑜伽	莎拉・鮑爾斯◎著	380 元
JP0058	29 個禮物	卡蜜・沃克◎著	300 元
JP0059	花仙療癒占卜卡	張元貞◎著	799 元
JP0060	與靈共存	詹姆斯・范普拉◎著	300 元
JP0061	我的巧克力人生	吳佩容◎著	300 元
JP0062	這樣玩，讓孩子更專注、更靈性	蘇珊・凱瑟・葛凌蘭◎著	350 元
JP0063	達賴喇嘛送給父母的幸福教養書	安娜・芭蓓蔻爾・史蒂文・李斯◎著	280 元
JP0064	我還沒準備說再見	布蕾克・諾爾 & 帕蜜拉・D・布萊爾◎著	380 元
JP0065	記憶人人 hold 得住	喬許・佛爾◎著	360 元
JP0066	菩曼仁波切	林建成◎著	320 元
JP0067	下面那裡怎麼了？	莉莎・瑞金◎著	400 元
JP0068	極密聖境・仰桑貝瑪貴	邱常梵◎著	450 元
JP0069	停心	釋心道◎著	380 元
JP0070	聞盡	釋心道◎著	380 元
JP0071	如果你對現況感到倦怠……	威廉・懷克羅◎著	300 元
JP0072	希望之翼： 倖存的奇蹟，以及雨林與我的故事	茱莉安・柯普科◎著	380 元
JP0073	我的人生療癒旅程	鄧嚴◎著	260 元
JP0074	因果，怎麼一回事？	釋見介◎著	240 元
JP0075	皮克斯動畫師之紙上動畫《羅摩衍那》	桑傑・帕特爾◎著	720 元
JP0076	寫，就對了！	茱莉亞・卡麥隆◎著	380 元

JP0077	願力的財富	釋心道◎著	380 元
JP0078	當佛陀走進酒吧	羅卓・林茲勒◎著	350 元
JP0079	人聲，奇蹟的治癒力	伊凡・德・布奧恩◎著	380 元
JP0080	當和尚遇到鑽石 3	麥可・羅區格西◎著	400 元
JP0081	AKASH 阿喀許靜心 100	AKASH 阿喀許◎著	400 元
JP0082	世上是不是有神仙：生命與疾病的真相	樊馨蔓◎著	300 元
JP0083	生命不僅僅如此一辟穀記（上）	樊馨蔓◎著	320 元
JP0084	生命可以如此一辟穀記（下）	樊馨蔓◎著	420 元
JP0085	讓情緒自由	茱迪斯・歐洛芙◎著	420 元
JP0086	別癌無恙	李九如◎著	360 元
JP0087	甚麼樣的業力輪迴，造就現在的你	芭芭拉・馬丁＆狄米崔・莫瑞提斯◎著	420 元
JP0088	我也有聰明數學腦：15 堂課激發被隱藏的競爭力	盧采嫻◎著	280 元
JP0089	與動物朋友心傳心	羅西娜・瑪利亞・阿爾克蒂◎著	320 元
JP0090	法國清新舒壓著色畫 50：繽紛花園	伊莎貝爾・熱志－梅納＆紀絲蘭・史朶哈＆克萊兒・摩荷爾－法帝歐◎著	350 元
JP0091	法國清新舒壓著色畫 50：療癒曼陀羅	伊莎貝爾・熱志－梅納＆紀絲蘭・史朶哈＆克萊兒・摩荷爾－法帝歐◎著	350 元
JP0092	風是我的母親	熊心、茉莉・拉肯◎著	350 元
JP0093	法國清新舒壓著色畫 50：幸福懷舊	伊莎貝爾・熱志－梅納＆紀絲蘭・史朶哈＆克萊兒・摩荷爾－法帝歐◎著	350 元
JP0094	走過倉央嘉措的傳奇：尋訪六世達賴喇嘛的童年和晚年，解開情詩活佛的生死之謎	邱常梵◎著	450 元
JP0095	【當和尚遇到鑽石 4】愛的業力法則：西藏的古老智慧，讓愛情心想事成	麥可・羅區格西◎著	450 元
JP0096	媽媽的公主病：活在母親陰影中的女兒，如何走出自我？	凱莉爾・麥克布萊德博士◎著	380 元
JP0097	法國清新舒壓著色畫 50：璀璨伊斯蘭	伊莎貝爾・熱志－梅納＆紀絲蘭・史朶哈＆克萊兒・摩荷爾－法帝歐◎著	350 元
JP0098	最美好的都在此刻：53 個創意、幽默、找回微笑生活的正念練習	珍・邱禪・貝斯醫生◎著	350 元
JP0099	愛，從呼吸開始吧！回到當下、讓心輕安的禪修之道	釋果峻◎著	300 元
JP0100	能量曼陀羅：彩繪內在寧靜小宇宙	保羅・霍伊斯坦、狄蒂・羅恩◎著	380 元
JP0101	爸媽何必太正經！幽默溝通，讓孩子正向、積極、有力量	南琦◎著	300 元
JP0102	舍利子，是甚麼？	洪宏◎著	320 元
JP0103	我隨上師轉山：蓮師聖地溯源朝聖	邱常梵◎著	460 元
JP0104	光之手：人體能量場療癒全書	芭芭拉・安・布藍能◎著	899 元

JP0105	在悲傷中還有光：失去珍愛的人事物，找回重新聯結的希望	尾角光美◎著	300 元
JP0106	法國清新舒壓著色畫 45：海底嘉年華	小姐們◎著	360 元
JP0108	用「自主學習」來翻轉教育！沒有課表、沒有分數的瑟谷學校	丹尼爾．格林伯格◎著	300 元
JP0109	Soppy 愛賴在一起	菲莉帕．賴斯◎著	300 元
JP0110	我嫁到不丹的幸福生活：一段愛與冒險的故事	琳達．黎明◎著	350 元
JP0111	TTouch® 神奇的毛小孩按摩術——狗狗篇	琳達．泰林頓瓊斯博士◎著	320 元
JP0112	戀瑜伽．愛素食：覺醒，從愛與不傷害開始	莎朗．嘉儂◎著	320 元
JP0113	TTouch® 神奇的毛小孩按摩術——貓貓篇	琳達．泰林頓瓊斯博士◎著	320 元
JP0114	給禪修者與久坐者的痠痛舒緩瑜伽	琴恩．厄爾邦◎著	380 元
JP0115	純植物．全食物：超過百道零壓力蔬食食譜，找回美好食物真滋味，心情、氣色閃亮亮	安潔拉．立頓◎著	680 元
JP0116	一碗粥的修行：從禪宗的飲食精神，體悟生命智慧的豐盛美好	吉村昇洋◎著	300 元
JP0117	綻放如花——巴哈花精靈性成長的教導	史岱方．波爾◎著	380 元
JP0118	貓星人的華麗狂想	馬喬．莎娜◎著	350 元
JP0119	直面生死的告白——一位曹洞宗禪師的出家緣由與說法	南直哉◎著	350 元
JP0120	OPEN MIND！房樹人繪畫心理學	一沙◎著	300 元
JP0121	不安的智慧	艾倫．W．沃茨◎著	280 元
JP0122	寫給媽媽的佛法書：不煩不憂照顧好自己與孩子	莎拉．娜塔莉◎著	320 元
JP0123	當和尚遇到鑽石 5：修行者的祕密花園	麥可．羅區格西◎著	320 元
JP0124	貓熊好療癒：這些年我們一起追的圓仔 ~~ 頭號「圓粉」私密日記大公開！	周咪咪◎著	340 元
JP0125	用血清素與眼淚消解壓力	有田秀穗◎著	300 元
JP0126	當勵志不再有效	金木水◎著	320 元
JP0127	特殊兒童瑜伽	索妮亞．蘇瑪◎著	380 元
JP0128	108 大拜式	JOYCE（翁憶珍）◎著	380 元
JP0129	修道士與商人的傳奇故事：經商中的每件事都是神聖之事	特里．費爾伯◎著	320 元
JP0130	靈氣實用手位法——西式靈氣系統創始者林忠次郎的療癒技術	林忠次郎、山口忠夫、法蘭克．阿加伐．彼得◎著	450 元
JP0131	你所不知道的養生迷思——治其病要先明其因，破解那些你還在信以為真的健康偏見！	曾培傑、陳創濤◎著	450 元
JP0132	貓僧人：有什麼好煩惱的喵～	御誕生寺（ごたんじょうじ）◎著	320 元
JP0133	昆達里尼瑜伽——永恆的力量之流	莎克蒂．帕瓦．考爾．卡爾薩◎著	599 元

JP0134	尋找第二佛陀・良美大師——探訪西藏象雄文化之旅	寧艷娟◎著	450 元
JP0135	聲音的治療力量：修復身心健康的咒語、唱誦與種子音	詹姆斯・唐傑婁◎著	300 元
JP0136	一大事因緣：韓國頂峰無無禪師的不二慈悲與智慧開示（特別收錄禪師台灣行腳對談）	頂峰無無禪師、天真法師、玄玄法師◎著	380 元
JP0137	運勢決定人生——執業 50 年、見識上萬客戶資深律師告訴你翻轉命運的智慧心法	西中　務◎著	350 元
JP0138	心靈花園：祝福、療癒、能量——七十二幅滋養靈性的神聖藝術	費絲・諾頓◎著	450 元
JP0139	我還記得前世	凱西・伯德◎著	360 元
JP0140	我走過一趟地獄	山姆・博秋茲◎著 貝瑪・南卓・泰耶◎繪	699 元
JP0141	寇斯的修行故事	莉迪・布格◎著	300 元
JP0142	全然接受這樣的我：18 個放下憂慮的禪修練習	塔拉・布萊克◎著	360 元
JP0143	如果用心去愛，必然經歷悲傷	喬安・凱恰托蕊◎著	380 元
JP0144	媽媽的公主病：活在母親陰影中的女兒，如何走出自我？	凱莉爾・麥克布萊德博士◎著	380 元
JP0145	創作，是心靈療癒的旅程	茱莉亞・卡麥隆◎著	380 元
JP0146	一行禪師　與孩子一起做的正念練習：灌溉生命的智慧種子	一行禪師◎著	450 元
JP0147	達賴喇嘛的御醫，告訴你治病在心的藏醫學智慧	益西・東登◎著	380 元

橡樹林文化 ❖❖ 善知識系列 ❖❖ 書目

JB0001	狂喜之後	傑克．康菲爾德◎著	380 元
JB0002	抉擇未來	達賴喇嘛◎著	250 元
JB0003	佛性的遊戲	舒亞．達斯喇嘛◎著	300 元
JB0004	東方大日	邱陽．創巴仁波切◎著	300 元
JB0005	幸福的修煉	達賴喇嘛◎著	230 元
JB0006	與生命相約	一行禪師◎著	240 元
JB0007	森林中的法語	阿姜查◎著	320 元
JB0008	重讀釋迦牟尼	陳兵◎著	320 元
JB0009	你可以不生氣	一行禪師◎著	230 元
JB0010	禪修地圖	達賴喇嘛◎著	280 元
JB0011	你可以不怕死	一行禪師◎著	250 元
JB0012	平靜的第一堂課——觀呼吸	德寶法師 ◎著	260 元
JB0013X	正念的奇蹟	一行禪師◎著	220 元
JB0014X	觀照的奇蹟	一行禪師◎著	220 元
JB0015	阿姜查的禪修世界——戒	阿姜查◎著	220 元
JB0016	阿姜查的禪修世界——定	阿姜查◎著	250 元
JB0017	阿姜查的禪修世界——慧	阿姜查◎著	230 元
JB0018X	遠離四種執著	究給．企千仁波切◎著	280 元
JB0019X	禪者的初心	鈴木俊隆◎著	220 元
JB0020X	心的導引	薩姜．米龐仁波切◎著	240 元
JB0021X	佛陀的聖弟子傳 1	向智長老◎著	240 元
JB0022	佛陀的聖弟子傳 2	向智長老◎著	200 元
JB0023	佛陀的聖弟子傳 3	向智長老◎著	200 元
JB0024	佛陀的聖弟子傳 4	向智長老◎著	260 元
JB0025	正念的四個練習	喜戒禪師◎著	260 元
JB0026	遇見藥師佛	堪千創古仁波切◎著	270 元
JB0027	見佛殺佛	一行禪師◎著	220 元
JB0028	無常	阿姜查◎著	220 元
JB0029	覺悟勇士	邱陽．創巴仁波切◎著	230 元
JB0030	正念之道	向智長老◎著	280 元

JB0031	師父——與阿姜查共處的歲月	保羅·布里特◎著	260元
JB0032	統御你的世界	薩姜·米龐仁波切◎著	240元
JB0033	親近釋迦牟尼佛	髻智比丘◎著	430元
JB0034	藏傳佛教的第一堂課	卡盧仁波切◎著	300元
JB0035	拙火之樂	圖敦·耶喜喇嘛◎著	280元
JB0036	心與科學的交會	亞瑟·札炯克◎著	330元
JB0037	你可以，愛	一行禪師◎著	220元
JB0038	專注力	B·艾倫·華勒士◎著	250元
JB0039X	輪迴的故事	堪欽慈誠羅珠◎著	270元
JB0040	成佛的藍圖	堪千創古仁波切◎著	270元
JB0041	事情並非總是如此	鈴木俊隆禪師◎著	240元
JB0042	祈禱的力量	一行禪師◎著	250元
JB0043	培養慈悲心	圖丹·卻准◎著	320元
JB0044	當光亮照破黑暗	達賴喇嘛◎著	300元
JB0045	覺照在當下	優婆夷　紀·那那蓉◎著	300元
JB0046	大手印暨觀音儀軌修法	卡盧仁波切◎著	340元
JB0047X	蔣貢康楚閉關手冊	蔣貢康楚羅卓泰耶◎著	260元
JB0048	開始學習禪修	凱薩琳·麥唐諾◎著	300元
JB0049	我可以這樣改變人生	堪布慈囊仁波切◎著	250元
JB0050	不生氣的生活	W. 伐札梅諦◎著	250元
JB0051	智慧明光：《心經》	堪布慈囊仁波切◎著	250元
JB0052	一心走路	一行禪師◎著	280元
JB0054	觀世音菩薩妙明教示	堪布慈囊仁波切◎著	350元
JB0055	世界心精華寶	貝瑪仁增仁波切◎著	280元
JB0056	到達心靈的彼岸	堪千·阿貝仁波切◎著	220元
JB0057	慈心禪	慈濟瓦法師◎著	230元
JB0058	慈悲與智見	達賴喇嘛◎著	320元
JB0059	親愛的喇嘛梭巴	喇嘛梭巴仁波切◎著	320元
JB0060	轉心	蔣康祖古仁波切◎著	260元
JB0061	遇見上師之後	詹杜固仁波切◎著	320元
JB0062	白話《菩提道次第廣論》	宗喀巴大師◎著	500元
JB0063	離死之心	竹慶本樂仁波切◎著	400元
JB0064	生命真正的力量	一行禪師◎著	280元

JB0065	夢瑜伽與自然光的修習	南開諾布仁波切◎著	280 元
JB0066	實證佛教導論	呂真觀◎著	500 元
JB0067	最勇敢的女性菩薩——綠度母	堪布慈囊仁波切◎著	350 元
JB0068	建設淨土——《阿彌陀經》禪解	一行禪師◎著	240 元
JB0069	接觸大地—與佛陀的親密對話	一行禪師◎著	220 元
JB0070	安住於清淨自性中	達賴喇嘛◎著	480 元
JB0071/72	菩薩行的祕密【上下冊】	佛子希瓦拉◎著	799 元
JB0073	穿越六道輪迴之旅	德洛達娃多瑪◎著	280 元
JB0074	突破修道上的唯物	邱陽．創巴仁波切◎著	320 元
JB0075	生死的幻覺	白瑪格桑仁波切◎著	380 元
JB0076	如何修觀音	堪布慈囊仁波切◎著	260 元
JB0077	死亡的藝術	波卡仁波切◎著	250 元
JB0078	見之道	根松仁波切◎著	330 元
JB0079	彩虹丹青	祖古．烏金仁波切◎著	340 元
JB0080	我的極樂大願	卓千拉貢仁波切◎著	260 元
JB0081	再捻佛語妙花	祖古．烏金仁波切◎著	250 元
JB0082	進入禪定的第一堂課	德寶法師◎著	300 元
JB0083	藏傳密續的真相	圖敦．耶喜喇嘛◎著	300 元
JB0084	鮮活的覺性	堪千創古仁波切◎著	350 元
JB0085	本智光照	遍智　吉美林巴◎著	380 元
JB0086	普賢王如來祈願文	竹慶本樂仁波切◎著	320 元
JB0087	禪林風雨	果煜法師◎著	360 元
JB0088	不依執修之佛果	敦珠林巴◎著	320 元
JB0089	本智光照—功德寶藏論　密宗分講記	遍智　吉美林巴◎著	340 元
JB0090	三主要道論	堪布慈囊仁波切◎講解	280 元
JB0091	千手千眼觀音齋戒—紐涅的修持法	汪遷仁波切◎著	400 元
JB0092	回到家，我看見真心	一行禪師◎著	220 元
JB0093	愛對了	一行禪師◎著	260 元
JB0094	追求幸福的開始：薩迦法王教你如何修行	尊勝的薩迦法王◎著	300 元
JB0095	次第花開	希阿榮博堪布◎著	350 元
JB0096	楞嚴貫心	果煜法師◎著	380 元
JB0097	心安了，路就開了：讓《佛說四十二章經》成為你人生的指引	釋悟因◎著	320 元

JB0098	修行不入迷宮	札丘傑仁波切◎著	320 元
JB0099	看自己的心，比看電影精彩	圖敦．耶喜喇嘛◎著	280 元
JB0100	自性光明——法界寶庫論	大遍智　龍欽巴尊者◎著	480 元
JB0101	穿透《心經》：原來，你以為的只是假象	柳道成法師◎著	380 元
JB0102	直顯心之奧秘：大圓滿無二性的殊勝口訣	祖古貝瑪．里沙仁波切◎著	500 元
JB0103	一行禪師講《金剛經》	一行禪師◎著	320 元
JB0104	金錢與權力能帶給你甚麼？ 一行禪師談生命真正的快樂	一行禪師◎著	300 元
JB0105	一行禪師談正念工作的奇蹟	一行禪師◎著	280 元
JB0106	大圓滿如幻休息論	大遍智　龍欽巴尊者◎著	320 元
JB0107	覺悟者的臨終贈言：《定日百法》	帕當巴桑傑大師◎著 堪布慈囊仁波切◎講述	300 元
JB0108	放過自己：揭開我執的騙局，找回心的自在	圖敦．耶喜喇嘛◎著	280 元
JB0109	快樂來自心	喇嘛梭巴仁波切◎著	280 元
JB0110	正覺之道．佛子行廣釋	根讓仁波切◎著	550 元
JB0111	中觀勝義諦	果煜法師◎著	500 元
JB0112	觀修藥師佛——祈請藥師佛，能解決你的困頓不安，感受身心療癒的奇蹟	堪千創古仁波切◎著	450 元
JB0113	與阿姜查共處的歲月	保羅．布里特◎著	300 元
JB0114	正念的四個練習	喜戒禪師◎著	300 元
JB0115	揭開身心的奧秘：阿毗達摩怎麼說？	善戒禪師◎著	420 元
JB0116	一行禪師講《阿彌陀經》	一行禪師◎著	260 元
JB0117	一生吉祥的三十八個祕訣	四明智廣◎著	350 元
JB0118	狂智	邱陽創巴仁波切◎著	380 元
JB0119	療癒身心的十種想——兼行「止禪」與「觀禪」的實用指引，醫治無明、洞見無常的妙方	德寶法師◎著	320 元
JB0120	覺醒的明光	堪祖蘇南給稱仁波切◎著	350 元
JB0122	正念的奇蹟（電影封面紀念版）	一行禪師◎著	250 元
JB0123	一行禪師　心如一畝田：唯識 50 頌	一行禪師◎著	360 元
JB0124	一行禪師　你可以不生氣：佛陀的情緒處方	一行禪師◎著	250 元
JB0125	三句擊要： 以三句口訣直指大圓滿見地、觀修與行持	巴珠仁波切◎著	300 元
JB0126	六妙門：禪修入門與進階	果煜法師◎著	360 元

JB0127	生死的幻覺	白瑪格桑仁波切◎著	380 元
JB0128	狂野的覺醒：大手印與大圓滿之旅	竹慶本樂仁波切◎著	400 元
JB0129	禪修心經 — 萬物顯現，卻不真實存在	堪祖蘇南給稱仁波切◎著	350 元

橡樹林文化 ❖❖ 成就者傳紀系列 ❖❖ 書目

JS0001	惹瓊巴傳	堪千創古仁波切◎著	260 元
JS0002	曼達拉娃佛母傳	喇嘛卻南、桑傑・康卓◎英譯	350 元
JS0003	伊喜・措嘉佛母傳	嘉華・蔣秋、南開・寧波◎伏藏書錄	400 元
JS0004	無畏金剛智光：怙主敦珠仁波切的生平與傳奇	堪布才旺・董嘉仁波切◎著	400 元
JS0005	珍稀寶庫——薩迦總巴創派宗師貢嘎南嘉傳	嘉敦・強秋旺嘉◎著	350 元
JS0006	帝洛巴傳	堪千創古仁波切◎著	260 元
JS0007	南懷瑾的最後 100 天	王國平◎著	380 元
JS0008	偉大的不丹傳奇・五大伏藏王之一 貝瑪林巴之生平與伏藏教法	貝瑪林巴◎取藏	450 元
JS0009	噶舉三祖師：馬爾巴傳	堪千創古仁波切◎著	300 元
JS0010	噶舉三祖師：密勒日巴傳	堪千創古仁波切◎著	280 元
JS0011	噶舉三祖師：岡波巴傳	堪千創古仁波切◎著	280 元
JS0012	法界遍智全知法王——龍欽巴傳	蔣巴・麥堪哲・史都爾◎著	380 元
JS0013	藏傳佛法最受歡迎的聖者—— 瘋聖竹巴袞列傳奇生平與道歌	格西札浦根敦仁欽◎藏文彙編	380 元

眾生系列　JP0148

39 本戶口名簿：
從「命運」到「運命」，用生命彩筆畫出不凡人生！

作　　　者／謝秀英
採訪・文字／羅緗綸
出 版 經 紀／本是文創
責 任 編 輯／游璧如
業　　　務／顏宏紋

總　編　輯／張嘉芳
出　　　版／橡樹林文化
城邦文化事業股份有限公司
104 台北市民生東路二段 141 號 5 樓
電話：(02)2500-7696　傳眞：(02)2500-1951
發　　　行／英屬蓋曼群島商家庭傳媒股份有限公司城邦分公司
104 台北市中山區民生東路二段 141 號 2 樓
客服服務專線：(02)25007718；25001991
24 小時傳眞專線：(02)25001990；25001991
服務時間：週一至週五上午 09:30 ～ 12:00；下午 13:30 ～ 17:00
劃撥帳號：19863813　戶名：書虫股份有限公司
讀者服務信箱：service@readingclub.com.tw
香港發行所／城邦（香港）出版集團有限公司
香港灣仔駱克道 193 號東超商業中心 1 樓
電話：(852)25086231　傳眞：(852)25789337
Email: hkcite@biznetvigator.com
馬新發行所／城邦（馬新）出版集團【Cité (M) Sdn.Bhd. (458372 U)】
41, Jalan Radin Anum, Bandar Baru Sri Petaling,
57000 Kuala Lumpur, Malaysia.
電話：(603) 90578822　傳眞：(603) 90576622
Email：cite@cite.com.my

內文排版／歐陽碧智
封面設計／兩棵酸梅
印　　刷／韋懋實業有限公司

初版一刷／ 2018 年 10 月
ISBN ／ 978-986-5613-83-9
定價／ 320 元

城邦讀書花園
www.cite.com.tw

國家圖書館出版品預行編目（CIP）資料

39 本戶口名簿／謝秀英作 . -- 初版 . -- 臺北市：橡樹林文化，城邦文化出版：家庭傳媒城邦分公司發行，2018.10
面；　公分 . --（眾生；JP0148）
ISBN 978-986-5613-83-9（平裝）

1. 謝秀英　2. 臺灣傳記

783.3886　　107016506

廣　告　回　函
北區郵政管理局登記證
北 台 字 第 10158 號

郵資已付　免貼郵票

104 台北市中山區民生東路二段 141 號 5 樓

城邦文化事業股份有限公司

橡樹林出版事業部　收

請沿虛線剪下對折裝訂寄回，謝謝！

|橡|樹|林|

書名：39 本戶口名簿　書號：JP0148

橡樹林文化
讀者回函卡

感謝您對橡樹林出版社之支持，請將您的建議提供給我們參考與改進；請別忘了給我們一些鼓勵，我們會更加努力，出版好書與您結緣。

姓名：＿＿＿＿＿＿＿＿＿＿ □女 □男 生日：西元＿＿＿＿＿＿年

Email：＿＿＿＿＿＿＿＿＿＿＿＿＿＿＿＿＿＿＿＿＿＿

●您從何處知道此書？

□書店 □書訊 □書評 □報紙 □廣播 □網路 □廣告 DM

□親友介紹 □橡樹林電子報 □其他＿＿＿＿＿＿＿＿

●您以何種方式購買本書？

□誠品書店 □誠品網路書店 □金石堂書店 □金石堂網路書店

□博客來網路書店 □其他＿＿＿＿＿＿＿＿

●您希望我們未來出版哪一種主題的書？（可複選）

□佛法生活應用 □教理 □實修法門介紹 □大師開示 □大師傳記

□佛教圖解百科 □其他＿＿＿＿＿＿＿＿

●您對本書的建議：

＿＿＿＿＿＿＿＿＿＿＿＿＿＿＿＿＿＿＿＿＿＿＿＿＿＿

＿＿＿＿＿＿＿＿＿＿＿＿＿＿＿＿＿＿＿＿＿＿＿＿＿＿

＿＿＿＿＿＿＿＿＿＿＿＿＿＿＿＿＿＿＿＿＿＿＿＿＿＿

我已經完全了解左述內容，並同意本人資料依上述範圍內使用。

＿＿＿＿＿＿＿＿＿＿＿＿（簽名）

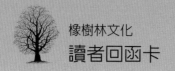